北京市大学生高尔夫协会组织编写（BUGA）

GOLF

大学高尔夫教程

DAXUE GAOERFU JIAOCHENG

（第三版）

康 钧◎主 编

首都经济贸易大学出版社
Capital University of Economics and Business Press
·北 京·

图书在版编目（CIP）数据

大学高尔夫教程 / 康钧主编 .--3 版 .-- 北京：首都经济贸易大学出版社，2018.9
ISBN 978-7-5638-2854-8

Ⅰ . ①大…　Ⅱ . ①康…　Ⅲ . ①高尔夫球运动—高等学校—教材　Ⅳ . ① G849.3

中国版本图书馆 CIP 数据核字（2018）第 195224 号

大学高尔夫教程（第三版）
康　钧　主编

责任编辑　晓　云
封面设计　砚祥志远 · 激光照排　TEL：010-65976003
出版发行　首都经济贸易大学出版社
地　　址　北京市朝阳区红庙（邮编 100026）
电　　话　（010）65976483　65065761　65071505（传真）
网　　址　http://www.sjmcb.com
E-mail　publish@cueb.edu.cn
经　　销　全国新华书店
照　　排　北京砚祥志远激光照排技术有限公司
印　　刷　唐山玺诚印务有限公司
开　　本　710 毫米 ×1000 毫米　1/16
字　　数　277 千字
印　　张　15.75
版　　次　2011 年 9 月第 1 版　2015 年 1 月第 2 版
2018 年 9 月第 3 版　2021 年 12 月总第 6 次印刷
书　　号　ISBN 978-7-5638-2854-8
定　　价　55.00 元

《大学高尔夫教程》编委会

组织编写：北京市大学生高尔夫协会（BUGA）

主　　编：（按姓氏笔画排序）

丁明汉（首都师范大学）　汤悟先（对外经济贸易大学）
张　力（北京物资学院）　束景丹（中国农业大学）
宋翠翠（国际关系学院）　贺　慨（首都经济贸易大学）
郭文彬（琼州学院）　殷志栋（中国环境干部管理学院）
贾宝剑（首都师范大学）　康　钧（北京建筑大学）
蒋　薇（首都经济贸易大学）　黎　臣（首都经济贸易大学）

副 主 编：（按姓氏笔画排序）

田　钿（琼州学院）　毕忠臣（中国农业大学）
何仲凯（北京大学）　肖洪凡（北京建筑大学）
竺大力（中国人民大学）　胡　彦（首都师范大学）
胡德刚（北京建筑大学）　常海林（北京农业学院）

编　　委：（按姓氏笔画排序）

左雪楠（北京建筑大学）　张　悦（中央音乐学院）
李书锋（中国农业大学）　张伟毅（首都经济贸易大学）
赵　巍（首都经济贸易大学）

前言

追溯历史，中国学校将体育作为一门课程刚过百年。“体育”并非我国固有的词汇，在出现“体育”这一词汇之前，我国使用的类似词汇是“体操”，不言而喻，其并非现代体育运动项目的“体操”。直到1923年，我国才在《中小学课堂纲要草案》中正式把“体操课”改成“体育课”，在课程设置上用田径、球类项目取代传统学堂的“骑、射、弓、刀、石、技勇”。

为改进和完善高等学校体育课程项目的设置，几代体育人可谓呕心沥血、锲而不舍。《中共中央、国务院关于深化教育改革全面推进素质教育的决定》明确指出，当今世界，科学技术突飞猛进，知识经济已见端倪，国力竞争日趋激烈。教育在综合国力的形成中处于基础地位，国力的强弱越来越取决于劳动者的素质，取决于各类人才的质量和数量，这对于培养和造就我国21世纪的一代新人提出了更加迫切的要求。拥有健康的体魄是青少年为祖国和人民服务的基本前提，是中华民族旺盛生命力的体现。学校教育要树立“健康第一”的指导思想，切实加强体育工作。该决定明确要求把“加强学生的心理健康教育，培养学生坚忍不拔的意志、艰苦奋斗的精神，增强青少年适应社会生活的能力”作为造就新世纪合格人才的一项重要教育使命。

基层体育教学使我们体会到“教授学生在大学期间学习和掌握一项体育运动会使其受用终身”的重要性和必要性。同时，多年的教学积累也使我们认识到，目前我国高校传统的体育公共课项目已经远远不能满足社会发展的需要，学生在完成高等教育课堂学习任务之后，能够继续把田径、篮球、排球甚至足球等作为健身项目进行身体锻炼的少之又少，即便是运动成绩很好的学生也少有做到。之所以出现这种情况，除了受到场地限制之外，运动强度大、娱乐性差而且容易引起运动性劳损是最主要的缘由。

高尔夫所蕴含的精神是人类优秀体育文化，在将高尔夫运动引入普通高校体育课程教学的实践过程中，学生们表现出了极大的兴趣和参与热情。高尔夫有重礼仪、重自律、重交往的运动特点，它在增强学生体魄、达到运动健身目的的同时，有效提升了学生的个人修养。

在党中央的正确领导下，经过多年的改革开放和全国人民的艰苦奋斗，国家的经济正在进入高速发展的快车道。发达国家城市发展和房地产建设的经验表明，城市发展和房地产建设的速度与高尔夫运动的兴起呈正相关关系。高尔夫运动设施的开发建设与经营在优化地方投资环境配置的同时也为地方提供了大量的就业机会，其促进区域经济发展和改善自然生态环境的功能，以及成为社会经济文化发展活跃因素的作用逐步被我国各级政府和领导所认知。高尔夫运动以其绿色、有氧、增强体质、陶冶情操、提升个人修养的运动特点和所表现出的丰富文化内涵以及提倡高雅、文明、健康的消费方式与价值趋向正在被人们所接纳，伴随着高尔夫成为奥运会的正式比赛项目，中国大地上掀起了新一轮的高尔夫热。

北京市大学生高尔夫协会（简称“大高协”）成立于2006年11月，隶属于北京市大学生体育联合会，下设专业技术委员会、裁判委员会、竞赛委员会、教学研究委员会等机构。大高协成立之后，致力于在高等院校推广普及高尔夫运动，在高等院校高尔夫教学研究领域取得了丰硕的研究成果。此外，每年由大高协在高等院校系统举办的高校杯巡回赛及公开赛取得了广泛的社会影响力，为我国高尔夫运动的发展做出了积极的贡献。本教材的编写得到了大高协的大力支持，特在此表示衷心的感谢！

编写本教材，旨在指导学生学习高尔夫基本技术，向学生介绍高尔夫的规则、礼仪、发展史、重大赛事等，使学生对于这项运动有全面的了解，引导学生学习掌握高尔夫球文化，提高学生的修养，全面提升学生的综合素质，同时为完善国内高等教育相关教材做出努力。高尔夫运动作为普通高等院校的体育公共课进行开设尚处在尝试和探索阶段，因此，本书还存在不足之处，恳请广大读者批评指正，我们将不胜感激。

目录 CONTENTS

目录

CONTENTS

第一章

高尔夫运动发展史

第一节　高尔夫运动的起源

什么是高尔夫球运动?

“高尔夫”原意为“在绿地和新鲜空气中的美好生活”。现代人从高尔夫球的英文单词“GOLF”中赋予了她含义：G——绿色（green）；O——氧气（oxygen）；L——阳光（light）；F——友谊（friendship）。这些也可以说是高尔夫运动责任。其实高尔夫起初就是一种只要一根球杆、一个球和一块挖有小洞的场地就可进行的一种奇特游戏。尽管她的起源已无从追寻，但她的精神却历久弥新。

像众多体育运动项目一样，高尔夫来源于民间，规范于贵族，竞技于世界，传播于大众，受益于百姓。正因为这项运动具有集享受大自然乐趣、体育锻炼和游戏于一体的功能，从而成为一项风靡世界的体育运动。正如高尔夫球场设计师罗伯特·特伦特·琼斯所言：“高尔夫已经成了生活的哲理，几乎是一种信仰，她就像教堂传出的福音一样伴随着我们无处不在，如影随形。”如今，几乎没有任何一个国家看不到高尔夫这种神奇运动的踪迹。

高尔夫的诱惑难以界定，也无须夸大，那是一种可以在任何年龄开始并将持续终生的痴迷。一名真正优秀的高尔夫球手或职业选手击球时，那种令人屏气凝神的感觉是任何其他运动都无法相比的，高尔夫真的能让人倍感神奇。也正如《阿诺德·帕尔默传记》的作者吉姆·道森说：“你找不出任何一种运动能像高尔夫一样多变、复杂，使你时而兴奋、时而悲伤，她可以让你顷刻间感情大起大落，你要试图战胜实际上不存在的对手”。这就是吸引你参与这项运动的魅力所在。因此，无论是在经造物主之手点化的美丽田野，还是由人类精心营造的场地上，这项老少皆宜的运动都被人们代代相传着。

现代高尔夫运动不完全是一项高消费的运动，但绝对是一项高素质人士的高尚运动，它对人的技术、思维、智慧、修养、礼让、坦诚和仁爱等方面提出较高的要求，使这项运动散发出更大的独特魅力。

这就是高尔夫球运动。

高尔夫的魅力捕获了所有人的心，但是没有人知道高尔夫的起源，也没人料到她会像今天这般风行。高尔夫球运动究竟发源于何处，似乎世界上每一个角落都对这项运动的演化起过作用。

根据美国高尔夫协会的文献记载，在古罗马凯撒大帝时代，罗马人曾进行“帕格尼卡”（Pila Pasanica）运动，据传这是高尔夫运动的前身。关于高尔夫运动的起源还有很多说法。

从前，牧童牧羊时手中握着弯柄杖，击打石头以聚拢离散的羊群，不知哪一天偶然地将石头击入兔子洞穴，从此成为一种游戏而广泛地流传开来，这是最普遍的高尔夫运动起源传说。

类似的高尔夫运动的竞技存在于古代罗马、荷兰、英国、中国、法国、比利时等世界各地，他们各自都有本国的高尔夫运动起源说。

一、古罗马高尔夫运动的起源

据古罗马凯撒大帝（公元前100年到公元前44年）时代的记载，征服苏格兰城的罗马士兵们曾进行“帕格尼卡”运动。“帕格尼卡”是指野营的士兵们利用休息时间，以末端弯曲的短杖击打皮制羽绒球的运动。

大约在公元前80年，罗马人征服了整个欧洲，并跨过英吉利海峡占领了英格兰和苏格兰，罗马统治一直维持到公元4世纪。在此期间，这种运动传播到整个欧洲，发展成了类似今天的高尔夫运动。

二、荷兰高尔夫运动的起源

在荷兰发现了15世纪以前甚至更早期的几幅绘画，画中描绘了倚着类似于初期球杆的弯短杖站立的荷兰人和怀抱着带有硕大杆头球杆的少女画像。荷兰人称：高尔夫运动是公元前荷兰的儿童在室内玩耍的“kolven”或者叫做“kolr”的这项运动，其形式被广泛流传。至今，还在弗里斯兰（Friesland）和荷兰北部等地方流传着。

高尔夫球为荷兰文“kolf”的音译。据说1 000多年以前，在牧场里，当羊群吃草、玩嬉之际，放羊的牧童们闲暇无事，常常用手里的牧羊棍打击小的石头，久而久之就产生了技术、力量因素和比胜争强的意识。有时比击得远，有时比击得准，有时既比远又比准，二者兼而有之，这就是高尔夫球的原始形态和雏形。高尔夫球的场地演变也证明了这一点，最早高尔夫球的场地就是牧场，到了后来，有的把高尔夫球场搬到室内进行，有的搬到马路上，还有的搬到海滨上，甚至有的搬到冰场上等，但没有多少时间，这些场地都成了探奇式的过渡性场所，再往后，才逐渐形成了现在的还是模拟牧场的高尔夫球的正式场地。至于高尔夫球的球棒，起初就是经过简单加工修整的牧羊棍。此外，牧童在长期以棒击石的过程中，发现使用顶端带凸突疙瘩的牧羊棍比较得心应手，可以把石头击得更远，因此，他们经常寻找、挑选这样的棒子使用。现在高尔夫球球棒的前身确为牧童手中的牧羊棍。图1–1显示了早期荷兰高尔夫运动。

图1–1　早期荷兰高尔夫

由于“kolven”是一种室内运动，或者是在冰面上进行的运动，而高尔夫是一种户外的主要是在草地上进行的运动，并且“kolven”运动所使用的杆是没有角度的，不是击球入洞，而是以是否击中立柱来决出胜负。所以，有许多反对者认为高尔夫运动起源于荷兰不具说服力。

三、中国高尔夫运动的起源

中国某师范大学体育教授曾在澳大利亚学刊上发表文章称“高尔夫起源于中国”。高尔夫在中国古代被称为“捶丸”，公元943年的南唐史书记载了这一事实。

根据《丸经》记载，捶丸游戏者互相尊重对方，还从对方的立场考虑如何打球，是一项君子运动。至今，世界公认的关于高尔夫的最早记录是1457年苏格兰议会颁布的“高尔夫禁令”，因此中国的记录至少提前了514年。而且，元朝时期所绘的“捶丸图壁画”（图1–2）和明朝时期所绘的“宣宗行乐图”（图1–3）也证明了“捶丸”是类似现在高尔夫球的运动。但是，由图可见，这种游戏是单手持杆，和现代高尔夫球具有很大差别。

图1–2　元朝捶丸图壁画

图1–3　明朝宣宗行乐图

“捶丸”是由中国内地的“步打球”演变发展而来的，至于究竟起于何时无从考究，只有公元943年的文献记载，12~15世纪在中国十分盛行“捶丸”游戏，于是有人编写了一部《丸经》（图1–4）。全书共有32章，内容涉及比赛规则、挥杆要领、球棒制造和场地保养，专业与精致的程度绝不亚于现代高尔夫。比如，书中提到的捶丸的球杆就有杓棒、扑棒、单手、鹰嘴等十种，与现代高尔夫运动中用到木杆、

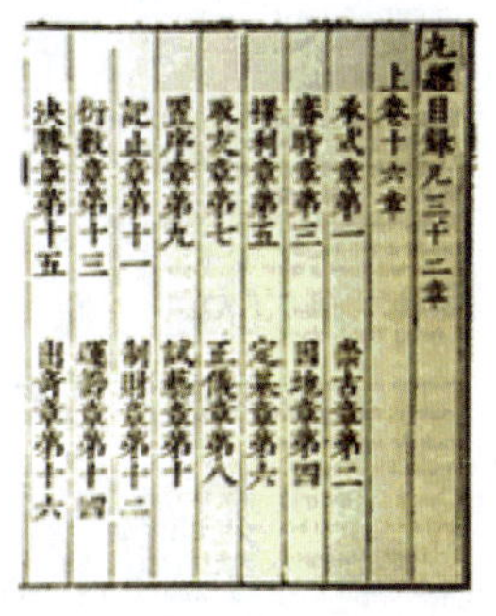

丸經目錄凡三十二章

上卷十六章

承式章第一　崇古章第二

審時章第三　因地章第四

擇利章第五　定基章第六

取友章第七　正儀章第八

置序章第九　試藝章第十

記止章第十一　制財章第十二

衍數章第十三　運籌章第十四

決勝章第十五　出奇章第十六

图1–4　丸经

铁杆、长杆、短杆辅助相类似。除利用天然山坡打球之外，即使是平坦的草地，也人为地设置了高低不平的障碍。今天高尔夫球设有发球座作为每一洞的发球点，捶丸也划定击球点称“基”，捶球时分头棒、二棒、三棒，头棒需先安基再击球，每棒以前一落球处为新的起点。由此可见，可以说除了名称不同，捶丸的整套球戏模式，几乎与现代高尔夫运动一模一样。

四、法国高尔夫运动的起源

在法国也有类似的运动，叫做“Jeu De Mail”，意思就是用木棒进行的游戏。在游戏中使用“Mail（木棒）”和用木头制作而成的球。木棒具有弹性，可以将球击出相当远的距离。还有利用带有圆形铁头的“Paii Mell”木棒在远处击打皮制羽毛球。在法国南部非常盛行这种运动。竞赛方式一般是根据指定的球道，将球击至特定地点即可。

五、比利时高尔夫运动的起源

在1350年的文献记录中，曾出现的拉丁语“choulla”、法语“choulle”与现今的高尔夫非常相似。这种游戏在比利时人特别是在比利时农民中间非常流行。“chole”是由“jeu de mail”演变而来的游戏，在14世纪中叶，从比利时和法国开始了一种越野（cross-country）方式的游戏，非常简单，所使用的竞赛工具是有铁头的球杆和以山毛榉木制成的椭圆形木杆。

六、英国高尔夫运动的起源

多数人认为英国是高尔夫运动的发源地，他们的观点源于教堂窗户上的绘画。图1-5是苏格兰高尔夫运动最早的图像记录，画中描绘了一个高尔夫球手挥杆打出类似于劈起杆的击球画面。这座教堂是13~14世纪设计建成的，这幅描绘挥杆动作的画面是高尔夫运动最初的记录。

另一种观点认为，高尔夫起源于13世纪中叶英国的苏格兰东海岸。渔夫们在回家的路上为了解闷，边走边用木棍击打鹅卵石。如果谁击打的鹅卵石飞得更远，谁就很了不起，这种人类的竞争心理后来发展成了高尔夫比赛。

高尔夫（golf）是苏格兰历史悠久的语言，“gouft”是其语源，意为“击打”。另外，苏格兰的地形作为高尔夫球场非常合适。在苏格兰海岸北部有一个叫做“links”的草原，起伏很大，上面覆盖着美丽的草坪，还有杂木丛生的小山丘。这种地形作为高尔夫球道非常合适，而且这是一块公共土地，任何人都可以自由地利用。球道“fairway”原来是航海用语，意为“大海的安全之路”，即“暗礁之间的安全航线”。在高尔夫运动的安全击球地带引用航海用语，由此我们可以判断出高尔夫与海上贸易的密切关系。

图1–5 教堂窗户上的绘画

初期的英国高尔夫运动曾遭到王室的限制，人们在周末不能进行高尔夫运动，并对荷兰进口的高尔夫球征收关税。即便如此，到了15世纪中叶前，高尔夫运动还是在苏格兰全境迅速普及（图1–6）。

图1–6 早期的高尔夫运动是苏格兰贵族钟爱的娱乐项目

图1-7　为女王背球杆的军官学校学生

据历史记载，在1457年，“当时的苏格兰国王詹姆斯二世以妨碍武术、弓弩训练为由，曾颁布了禁止打高尔夫球的法令”。但到了16世纪，詹姆斯五世（1512~1542）和他的女儿玛丽·斯苏斯都成了高尔夫球狂热爱好者。1560年，主要在圣安德鲁斯（St Andrews）打球的女王要求陆军军官学校学生（Military Cadet）肩背球杆跟随左右，他们被称为“cadets”（军官学校学生），用法语则称为“cadday”。据推测，球童的苏格兰名称是由此产生的（图1-7），现在的球童（caddie）单词源于“cadet”，而且据传玛丽女王也是女性高尔夫球的鼻祖。如上所述，初期的高尔夫运动虽然流传了数百年，但是18世纪末和19世纪初人们逐渐冷落高尔夫，会员制也逐渐消失，苏格兰的许多初期高尔夫俱乐部也随之关闭。

1754年，22位贵族和绅士聚集于圣安德鲁斯球场创立了高尔夫协会，并制定13条规定，这是最初公认的高尔夫规则，一直沿用至今未曾改变。在现今高尔夫规则中，上述最早规则也被认为是最重要、最核心的规则。

但是，不管高尔夫的种子来源于哪一方土地，真正赋予其现代特质的毫无疑问是苏格兰人。作为一种现代的被国际多数国家和民族所承认的世界体育项目，高尔夫球的公认发源地和故乡是英国。

第二节　高尔夫运动的发展

一、高尔夫运动向世界传播

从目前所掌握的资料来看，现代高尔夫运动诞生于13世纪的苏格兰。之后的500多年，高尔夫运动在苏格兰的圣安德鲁斯风行。1744年，绅士高尔夫球社（爱丁堡高尔夫球社）成立。1754年，圣安德鲁斯球社成立，并制定了最早的13条规则。1759年，圣安德鲁斯球社首次举行了高尔夫球比杆赛。1750—1850年，随着欧洲工业革命的兴起，高尔夫运动开始在欧洲大陆传播。1850—1900年，高尔夫运动逐渐走上了国际化道路，高尔夫种子洒向了世界各地。高尔夫运动向世界传播的轨迹如图1-8所示。

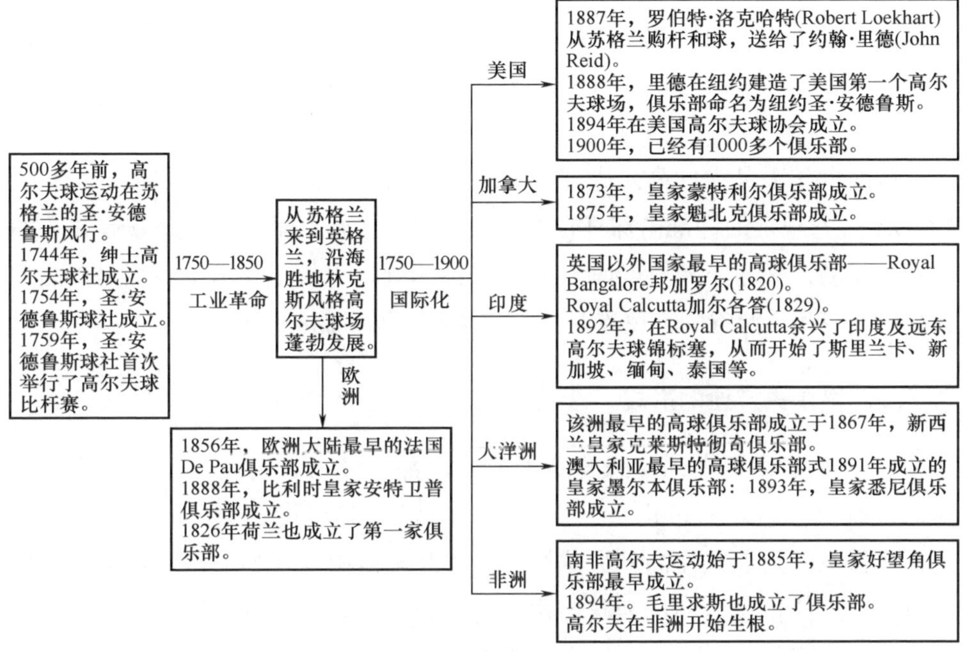

图1-8 高尔夫运动向世界传播的轨迹

在高尔夫运动发展史上，由于历史和经济的原因，美国逐渐成为世界高尔夫运动的沃土，并最终发展成世界高尔夫第一大国。19世纪末，有位名叫西奥多·哈弗梅耶的美国高尔夫先驱，在罗德岛新港建立了一个高尔夫球场，它同时也是非常有名的富人度假村。1894年，哈弗梅耶被选为美国高尔夫球协会（USGA）第一任主席。该协会就是为了管理美国新建立的高尔夫俱乐部而成立的，新港俱乐部是其中之一。美国高尔夫协会的职能之一是组织全国锦标赛。哈弗梅耶当了USGA主席之后，USGA的第一届全国锦标赛在他的新港球场举行。严格地说，1895年的第一届巡回赛是在业余球手之间进行的，那时还没有职业高尔夫组织。第一届职业高尔夫锦标赛，只不过是在业余赛结束之后进行的比赛，比赛为期一天，在10名职业球手和1名业余球手之间进行，若干年后该比赛才最终成为现在的“美国公开赛”。除了两次世界大战期间中断过几次外，美国公开赛一直延续到今天。

1908年，英国成立第一个高尔夫球俱乐部。1911年美国曾举行大西洋全美高尔夫球赛。在英国举行的一年一度的高尔夫球公开锦标赛，是最大规模的国际性比赛。如今，在一些发达国家，高尔夫球比赛盛行，以美国、英国和日本尤甚。世界业余高尔夫球协会有六七十个会员国，2 000多万会员，其中美国有1 200万会员和1万多个球场，日本有300万会员，1 400多个球场。1900年，第二届国际奥林匹克运动会曾把高尔夫球列为表演项目。

目前世界上最大的高尔夫球场是设在美国马萨诸塞州的博尔顿球场，长7 609米，它规定的标准击球杆数为77杆。世界上最高的高尔夫球场是秘鲁的塔克图球场，该球场最低点位于海拔4 369米处。世界上最低的球场是美国加利福尼亚州死亡峡谷的克里克球场，球场低于海平面82.9米。

二、高尔夫产业的形成

到20世纪20年代，美国的高尔夫俱乐部已经大量出现，既有完全私营的，也有很多是政府机构主导投资的。20世纪60年代，美国的房地产商发现，在住宅区附近兴建高尔夫球场，能够大幅度提高住宅价值而且加快出售的速度，这使得投资商成为球场建设的主力军。政府对这一潮流推波助澜，规定凡超过2万人的社区，如果没有规划高尔夫球场，这个社区的建设规划将不会被批准。这项政策极大地推动了建筑业、房地产业的大亨们兴建高尔夫球场。

美国政府在高尔夫球场的投资、规划、建设、管理、土地、税收等各个方面制定了较完善的引导性、扶持性政策和法规，对高尔夫运动的推广功不可没，使高尔夫密切融入美国人民的日常生活。同时，由于美国高尔夫球协会（USGA）出色组织了后来被列为高尔夫大满贯赛事的“美国公开赛”，使高尔夫运动得到大力发展并出现了职业化球员。1954年的美国公开赛第一次被全国的电视台所报道，更使高尔夫这项运动为更多的人所熟悉和热爱。

二战结束后，随着国际局势的稳定和世界经济的复苏，以及科学技术的发展和全球化浪潮的出现，高尔夫运动热潮从美国涌向世界各地。世界各地的高尔夫俱乐部和球场如雨后春笋般出现，各类职业和业余比赛如火如荼进行。特别是在20世纪后期，随着亚洲“四小龙”经济的崛起，高尔夫运动的发展重心由美国逐渐转向亚洲。同时，电视转播、各种高尔夫专业杂志和因特网的出现，为高尔夫运动职业化的快速发展和高尔夫文化的快速传播做出了重要贡献。

高尔夫是一项在阳光下、绿地上进行的氧分充足的强身健体休闲运动，适合各种年龄、不同性别的人们参加。它对维护生态、保护自然环境非常有益。在任何高尔夫赛事中，没有吹哨或喧嚣等不良行为，它把文明礼貌与健体竞技融为一体。它是世界公认的可接触时间最长、温和而智能的运动。实践已经证明，高尔夫运动是最受人们欢迎的运动之一。

作为一个具有良好发展前景的运动，高尔夫在国际上已形成了巨大的产业市场。围绕着高尔夫这项运动本身，形成了一个包括球杆球具业、高尔夫服装业、球场设施设备业、旅游业、房地产业、高尔夫综合服务业等相关行业在内的巨大产业链。据有关资料统计，全世界现有高尔夫球场总数超过3万个，高尔夫人口大约7 000万。比如，在美国，现有球场约18 000个，并以每天一个的速度在增长，美国现有高尔夫运动人员已超过3 000万。基于此，过去两年中，美国高尔夫产业的年产值就高达600多亿美元，并以每年10%的速度增长，是该国巨大的无烟工业之一。日本虽然国土面积不大，但球场数量高达2 600多个，高尔夫人口近2 000万。英国苏格兰的圣安德鲁斯是一个人口仅3万人的小城市，但它有7个球场，其中之一还是专门为培养青少年球员所设置的。球场和打球人口的数量众多，极大促进了相关产业的发展。目前，高尔夫运动和产业最为发达的国家是美国、英国、加拿大和日本。即使是在高尔夫运动新兴起的一些国家，高尔夫的发展也令人瞩目，如泰国曼谷附近就有近百家球场，城市之国新加坡有26个球场，高尔夫产业也越来越成为这些国家拉动国民经济发展的重要因素。

近年来，高尔夫赛事的组织越来越趋向于国际化。1996年，世界五个顶尖的职业赛事协会：欧洲巡回赛、日本巡回赛、PGA（美国男子专业高尔夫协会）巡回赛、LPGA（美国女子专业高尔夫协会）巡回赛和南非巡回赛共同创办了一个新的国际系列赛事，世界杯也是其中最重要的一个赛事。另外，电视转播费、赞助、球迷用品和赛事服务的特许销售也推动高尔夫产业的国际化。据报道，PGA通过向美国四家媒体转让电视播放权，每年能收取高达2.9亿美元的电视转播费（2003—2006年）。2002年，PGA特许商品销售及相关赛事服务的销售额达到约2亿美元。

同时，高尔夫运动已经成为一种时尚文化，是高层次会议、会展、投资等商务活动的重要软环境要素。比如，亚太经济合作会议等国际性会议召开期间，高尔夫是其中一项必要活动内容。据专家估计，全世界商务、贸易成交量的20%是在高尔夫球场达成协议的。

此外，更加重要的是，虽然自1904年奥运会后，由于受场地和水准限制，高尔夫球运动暂时告别了奥运会。但是，随着高尔夫球运动的迅猛发展，其普及程度日益提高，高尔夫球运动重返奥运会的呼声越来越高。国际奥委会和国际高尔夫球协会更是频频接触，2016年奥运会高尔夫球将再次成为奥运会项目，登上历史舞台，显而易见，它所带来的经济效益、文化效益和社会效益将难以估量。

三、高尔夫大众化的进程

近年来，美国政府采取了进一步发展高尔夫行业的政策，将许多垃圾填埋场、废弃军事基地等闲置土地，以很低的租金提供给私营业主建造并经营球场。在承租期内，业主不需要购买土地，不需要交纳地产税，只向政府交纳一部分所得税，还享有许多特许权。政府不用承担球场维护的费用，并在承租到期后将球场收回，作为公众球场向居民开放，带头推动了高尔夫球大众化的进程。

在西方发达国家和我们的近邻日本与韩国，高尔夫相关人口已占到总人口的10%，大大促进了高尔夫用品及相关产品的消费。据央视国际报道，在高尔夫运动最发达的美国，全国人口2.54亿人，而高尔夫人口2 474万人，约占人口总数的9.74%。美国必须每天增加一个球场来满足人们的消费需要，高尔夫球场已经成为美国人的基本消费场所。以美国现有高尔夫人口来计算，在不包括任何其他消费的情况下，如果按每个人每月打一场球并且打一场球只花5美元来计算，全年将创造15亿美元的消费额。若再加上其他相关消费，这个数字更是无法估量。据有关报道，2000年美国高尔夫球产业的产值已达到620亿美元，占国内生产总值的6%。高尔夫在这些国家早已经是一项大众运动。

四、亚洲高尔夫带动了旅游

在当今的印度尼西亚巴厘岛上，现有风格各异的5家高尔夫球场，风格分别涵盖了典型的海滨林克司风格球场、热带园林型球场、建于火山地带的高山型球场、建于市中心的城市迷你型古老球场。其中的尼瓦纳高尔夫乡村俱乐部因其卓越品质而成为巴厘岛球场代表作：这里充满五星级挑战，初次打球者极易被其果岭一挫锐气；而且这里还拥有悬崖海景，第七洞临近海神庙，并伴着壮丽的印度洋景色。与球客同行的家人也有消遣之地，可前往紧邻的艾美酒店喝下午茶，或在酒店二楼酒吧欣赏海神庙以及退涨潮美景。

马来西亚也是一个高尔夫乐园——33万平方公里的土地上，分布着200来个高尔夫球场，它们坐落在高山、海滨、岛屿、热带雨林、乡村或闹市之中，已成为撬动马来西亚旅游的一大“拳头”产品。亚洲金融危机后，马来西亚政府将高尔夫作为全民健身运动加以推广，期望借此恢复经济发展，提出“高服务质量，低水平价位”理念。与我国海南不同，马来西亚旅游几乎没有淡旺季之分，因为夏季市场有着澳大利亚和新西兰客源的支撑。此外，马来西亚有亚洲航空和马龙航空两家廉价航空公司，开辟了很多直飞各地的航班，吸引了大批北欧游客来打高尔夫球。我国的相关部门曾专门考察了当地的高尔夫旅游，总结出马来西亚成为高尔夫天堂的十大理由，包括高尔夫设施、航空、价格、气候、历史、规模、高尔夫地形、赛事、培训、夜间高尔夫服务等。马来西亚200多个高尔夫球场分为高、中、低三个档次，适合各类高尔夫球消费群体。

泰国不仅被公认为世界上最理想的旅游度假目的地之一，而且拥有30多个不同规模的高尔夫球场。不论去泰国哪个城市，都会发现那极富挑战性的绿色铺满了整个高尔夫球场。泰国的高尔夫球场数量多，价格也相对便宜。据了解，一般高档球场的访客价（包含果岭费、球童费、球车费）为500~700元人民币，中档球场的访客价为300~500元人民币。此外，广为传播的知名度、完善的旅游度假配套设施、无障碍的语言环境等，也为泰国高尔夫招来了大量境外客源。

五、国际高尔夫两大组织机构

与其他体育项目不同，在全球范围内高尔夫球运动没有统一的单项联合会。世界范围内的高尔夫运动管理是由两个单独的组织来分别实施的，皇家古老高尔夫俱乐部（R&A）（图1-9）和美国高尔夫球协会（USGA）（图1-10）。

（一）皇家古老高尔夫俱乐部（R&A）

皇家古老高尔夫俱乐部（R&A）一直致力于在世界范围内推广高尔夫运动的发展，每年将所获得的收入拨出一百多万英镑（196万美元），用于支持全球的不同地区和国家的高尔夫运动发展。

图1-9　皇家古老高尔夫俱乐部

图1-10　美国高尔夫球协会

（二）美国高尔夫球协会（USGA）

美国高尔夫球协会（USGA）是美国本土和墨西哥两个国家的最高高尔夫管理机构。USGA是由高尔夫爱好者经营管理、服务于高尔夫爱好者的非营利组织。

第三节　中国高尔夫运动的发展和现状

一、我国现代高尔夫运动发展初期

尽管中国在古代有过类似高尔夫球运动的“捶丸”游戏，但现代高尔夫球运动进入中国应从1896年中国上海高尔夫球俱乐部成立开始。1931年，中、英、美的商人合办高尔夫球俱乐部，并在南京陵园中央体育场附近开辟高尔夫球场，高尔夫球在一定范围内得到了传播。之后的半个世纪里，由于种种历史和社会的原因，高尔夫球运动在我国又悄悄退出了人们的视野。

改革开放以后，高尔夫运动在中国又逐步发展繁荣起来。在1978年，时任全国人大常委会副委员长的廖承志在接见日本客人时就提出，可以考虑建设高尔夫球场，为来中国投资的外商提供休闲、度假的场所。

1982年，深圳高尔夫俱乐部申报立项，9月经深圳市人民政府批准开始动工，是新中国第一家申报立项建设的球会。

1984年8月24日，由霍英东、郑裕彤等出资创建的中国内地第一个高尔夫球场——中山温泉高尔夫乡村俱乐部对外开放，成为新中国成立后内地第一座高尔夫球场，戴耀宗为第一任总经理，荣高棠在开业仪式上挥出了新中国第一杆。这标志着现代高尔夫球运动在中国的起步，填补了中国高尔夫的空白。同年12月，北京国际高尔夫俱乐部正式立项。

二、我国现代高尔夫运动快速发展期

1993年3月16日，中高协出台《中国高尔夫球运动实行职业化制度的具体方案（草案）》。7月22日，中国高尔夫球实行职业化制度终于被认可。10月12日至15日，第一次职业高尔夫选手资格选拔赛在北京国际高尔夫俱乐部进行。京津海公司在深圳成立，成为国内第一个高尔夫开发设计建造管理的公司，并成功举办了第一个国际性博览会——中国北京国际高尔夫博览会，编辑出版了中国第一套高尔夫系列丛书。

1994年2月，观澜湖高尔夫球会、深圳市人民政府和国际高尔夫球协会在北京人民大会堂正式签署关于第41届世界杯高尔夫球决赛在深圳观澜湖高尔夫球会举行的协议。

1995年，中高协和VOLVO赛事管理公司首次将国际职业高尔夫赛事引入中国，举办了VOLVO中国巡回赛和VOLVO中国公开赛，这是第一个由国外企业冠名赞助的中国高尔夫国际职业大赛。

1995年，北京高尔夫运动学校成立，是中国第一所培养高尔夫专业人才的中等专业学校。深圳高等职业技术学院开设高尔夫管理专业（该专业于1997年转入深圳大学，发展成为现在的深圳大学高尔夫学院），开创了中国高尔夫球专业高等教育的先河。

1996年3月19日，在新加坡高尔夫球乡村俱乐部举行的亚太高尔夫联合会会议，中国高尔夫球协会应邀列席了关于亚洲高尔夫球巡回赛的会议，与会代表一致通过中高协加入亚太高联。

1997年，程军夺得VOLVO中国公开赛冠军，成为第一个在国际高尔夫赛事上夺冠的中国选手。

2004年，欧洲巡回赛首次登陆中国，5月的宝马亚洲公开赛和11月的沃尔沃公开赛都纳入欧巡赛系统。

2005年4月，尊尼获加精英赛在北京华彬庄园举行，由欧巡、亚巡、澳大利亚PGA共同承认的赛事第一次登陆中国；8月，由中高协主办的中国高尔夫球巡回赛正式启动；9月，北京国际高尔夫发展基金会成立，是国内首家高尔夫基金会；11月，首届汇丰冠军赛在上海佘山举行，由于老虎·伍兹等巨星阵容而备受关注，同时也是当年亚洲地区奖金最高的赛事，至2009年升级为世界锦标赛。

2006年，观澜湖高尔夫球会成功获得高尔夫世界杯2007—2018年连续12年的举办权。

2008年1月18日，中国首次受邀参加在南非举行的女子世界杯，张娜和王纯代表中国出战；5月8日~5月11日，华彬北京公开赛成为国内第一个获得中高协、亚巡赛和日巡赛共同认可的赛事；9月11日~14日，青岛公开赛在青岛华山高尔夫俱乐部举行，这是欧洲挑战巡回赛首次登陆中国；10月24日，大新华航空赛在海南海口西海岸球场举行，这是LPGA第一次在中国举行；10月30日~11月2日，苏州太湖杯女子公开赛在苏州太湖国际高尔夫俱乐部举行，这是欧洲女子巡回赛第一次在中国举行。

2009年开始实施后备人才的梯队培养计划，通过HSBC的青少年计划，发现了一批好苗子，经过筛选，组建了国家青年队，标志着我国高尔夫球训练体系的进一步完善。2009年的冬训开始采用“请进来、走出去”的方针，结合中国实际情况，以我为主，积极采用多种形式学习先进的国际经验。我们男女国家队聘请外籍高水平专家和教练到队指导训练。运动员采取动态管理办法，并不断调整和完善，经综合评定，真正组建了一支能够打硬仗、思想过硬、团结一致、充分发挥竞技水平的国家队。2009年“皇后杯”亚太业余女子高尔夫球队际锦标赛于4月1日至3日在印度尼西亚巴厘岛举行。参加比赛的共有来自亚太地区12个国家的36名运动员。中国高尔夫国家女队在本次比赛中取得了第四名，这是近十年以来的最好成绩。

2010年8月16日，梁文冲在第92届美国PGA锦标赛上最后一轮打出73杆、高于标准杆1杆的成绩，四轮总成绩280杆（72-71-64-73），获得并列第8名，创造了中国内地选手获得的大满贯赛最好成绩。

2011年8月7日，冯珊珊夺得女子日巡赛明治杯冠军；9月4日，叶莉英取得女子日巡赛GOLF5女子赛冠军；9月25日，冯珊珊在决赛轮夺得了宫城电视杯冠军，赢得个人2010年的第二场胜利。截至11月28日，冯珊珊世界排名升至第14位，创造了中国内地女子选手最高世界排名纪录。2011年9月，为了备战2016年及2020年奥运会，中国高尔夫球协会特批四位国家队队员：李昊桐、欧阳正、王欣（未满18周岁），林希妤（未满16周岁）转为职业选手。

2012年对于中国高尔夫运动来说是无比惊艳的一年。首先，2012年6月11日，世界女子职业高尔夫球四大满贯赛第二项赛事——LPGA锦标赛战罢，中国内地球手22岁的冯珊珊以总成绩282杆、两杆优势力压苏珊娜·彼得森、斯泰西·刘易斯、池恩熙、宫里美香等名将，夺得转职业四年多以来的首个LPGA赛事的冠军，是我国首个大满贯赛冠军，成为女子职业高尔夫球史上第一位夺得四大满贯赛的中国高尔夫球协会注册球手。其次，2012年9月9日，我国内地球手吴阿顺在日本男子高尔夫球巡回赛东信高尔夫球赛（TOSHIN GOLF TOURMENT）的延长赛中力克对手夺得职业生涯首个日巡赛的冠军头衔，并且成为首位夺得日巡赛冠军的中国内地男球手。2012年11月4日，年仅14岁的中国广州少年关天朗在亚太业余锦标赛夺得第四届亚太业余锦标赛的冠军，并且获得参加2013年美国大师赛的参赛资格，成为参加这场大满贯赛事的最年轻的球手。中国年仅14岁的男子高尔夫球手张华创获得了2012年美国公开赛的参赛资格，成为该项大满贯历史上年龄最小的参赛者。另外，汇丰赛正式成为美巡季后赛程，积分和其他世锦赛相当，并宣布永远落户上海。2012年11月3日，中国男子高尔夫国家队奥运之队正式宣告成立，目标很明确：备战2016年里约热内卢奥运会。

2013年4月初，14岁的中国球手关天朗成为美国大师赛最年轻参赛选手，成功晋级并获得最佳业余奖。2013年12月中旬，第三届“东风日产杯”中国亚太对抗赛上，中国队首次击败亚太联队，中国高尔夫30年历史中，这是第一次在大型队际赛中获胜。阔别5年后，LPGA重回中国内地，10月黄金周间，中国精英赛在北京华彬庄园成功举办，带动国内球场举办女子赛热潮。

继在华彬LPGA精英赛惊天逆转取得冠军后，中国女将冯珊珊在LPGA年终冠军赛CME赛上也勇取桂冠，世界排名一度攀升至第四位。

三、我国现代高尔夫运动进入蓬勃发展时期

经过20多年的快速发展，中国高尔夫大有赶超世界强国之势头，目前中国已被公认为全球高尔夫的热点地区。我国高尔夫运动发展速度逐渐加快，参加运动的人数几何递增，运动场所、运动设施也越来越呈现大众化消费趋势，据中国高尔夫球协会2010年初不完全统计，目前我国有各类高尔夫球协会或俱乐部近500家，球洞数合计约9 500洞，参与运动人数百余万（含台、港、澳地区和外国在华人士）。与高尔夫球运动相关的各类企业、机构、院校等1 300余家。其中每年纳入中高协赛事体系的各级各类赛事活动，已经由2006年的30余起，发展到2009年的90余起，涵盖了国际、职业、业余、青少年等各个层次，全年赛事总奖金近2 300万美元。建立了职业、业余、青少年的积分排名系统和双向选择的办赛模式，各地区各方面承办比赛的积极性空前提高，赛事申报承办程序得以规范。创新推出“全国高尔夫球俱乐部联赛”“中国女子职业巡回赛”“中国男子职业巡回赛”“业余系列赛”及“汇丰青少年系列赛”等赛事，均取得了圆满成功。其中，参加中高协赛事活动的业余运动员就达2 000余人，职业运动员300余人。随着赛事活动的发展，相关的教练员、裁判员、经理人、草坪师、球童等专业人员的数量也在相应增加，在加强项目普及、提高技术水平、增强项目的凝聚力、引导促进训练、提高管理水平、发挥协会在项目发展中的主导作用等方面，都发挥了空前的积极作用。

高尔夫球专业媒体方面，目前全国已经有3个数字频道、30余本专业杂志和数十家网站和报刊，也呈现出爆炸式的增长趋势。

但是由于成本、政策、技术和文化理念等多方面的原因，想涉足高尔夫圈还是有点难度。打球成本远远超出一个普通中国家庭的承受能力，因此令多数公众对高尔夫望而却步。虽然去公众高尔夫球场打球不用交高昂的会费，但这样的公共球场开放的还是太少，满足不了大众的需求。近些年，由于国内经济的发展，带动了一大批高尔夫消费人群，据调查资料显示，目前

国内俱乐部入会消费人群以每年10%的比例增加，国内的消费人群已突破100万，庞大消费人群的出现，带动了高尔夫相关产业的发展。

第四节　高尔夫器材与场地的发展史

一、高尔夫球的演变

高尔夫运动的最基本器材当然是球。据说，最原始的高尔夫球是圆的或椭圆形的石子，进而是经过手工雕琢的木球。也有高尔夫史研究者认为，早期的高尔夫球是用山毛榉木做成的，那种树木在中西欧是较常见的树种。实际上，最早的高尔夫球是黄杨木做的，这种球尚显粗糙，但价格大家还是能够接受的。

（一）羽毛制球

有文字记载的最早的高尔夫球应当是羽毛制球（featherieball）。17世纪早期，一种叫做“羽绒球”（图1-11）的新型高尔夫球问世，这是一种皮质表皮、用鸡或鹅的羽毛做填充物的小球，具有极佳的弹性，能打得很远。当时最有力的球手可以将它击出200码之外。

图1-11　羽绒球

古代高尔夫球是用马皮或牛皮做成的，里面填充着羽毛。据古代球与球杆制作者巴里·克尔介绍，制作“羽绒球”是个漫长、艰难而又需要技巧的过程。材料包括生牛皮，通常是公牛皮或马皮更好，还有装满一帽子的羽绒。先将皮质材料剪成一个条状和两个圆片，然后在前者上冲出一些相应的小孔，以供穿线缝合之用，再用蜡线把各片缝合起来，将羽绒浸泡成像小米布丁一样的感觉，之后在缝合的皮质之中，用一个小铁杆往里塞羽绒的过程难度很大，同时尽量压实，把球填满后，要趁湿将口缝合好，然后用锤子将球尽量敲圆。在干燥过程中，外面的表皮会收缩，而里面的羽绒会涨起来，这样就做成了一个紧密而结实的羽绒球了。当时，制作高尔夫球是一门精细的艺术，即便最出色的工匠每天也只能做3~4个这样的球，而一轮高尔夫球比赛就需要3~4个球，这种球很容易被水浸透也很容易被打坏，非常不实用，而且还很贵，甚至比球杆还贵，所以高尔夫成了富人们的运动。

（二）古塔胶球

很显然，只有性能良好、价廉物美、结实耐用的高尔夫球才能吸引更多的参与者。19世纪中叶，这样一种神奇的球出现了，它来自于远东马来的一种凝固的树胶——古塔胶。关于古塔胶球的准确来源是个颇具争议性的问题，其中虽不属权威但却最为离奇的要算印度雕像的说法。19世纪中叶，一个在印度的苏格兰传教士詹姆斯·帕特森送给哥哥罗伯特一尊印度雕像，该雕像是用古塔胶碎块填充包裹航运至罗伯特手中的。这种可模压的材料令罗伯特极为着迷，他首先用它给自己的靴子上了双鞋底，然后又将它用在了高尔夫球上。这种材料是成张进口的，制球人把它们裁成条，先在热水中软化，然后用手工做成球状，再置于冷水中硬化，高尔夫球就这么简单地制作而成了。

第一个古塔胶球的问世引起了各种不同的反响。这种球外形更圆，而且还像台球一样光滑。不过因为球太硬，飞行性能不好，在空中会突然下沉。威利·邓恩是穆塞尔博罗俱乐部的职业球员，他非常厌恶这种球，把它们全给球童们玩了。但不久他就发现，球童们可以非常自如地运用这种胶球，简直比他本人掌控羽绒球还要娴熟高超。这是为什么呢？原来一旦这种球的表面被击打出了擦痕和磨损，它们就会像鹰一样敏捷准确地飞行，所以第二代手工敲打出来的带有凹痕的古塔胶球就应运而生了。

美国高尔夫球协会博物馆馆长安迪·马奇介绍，鉴于流体力学的原理，事先在古塔胶球表面刻上花纹，它的各项性能就会都优于羽绒球，不仅可以被击得更远，更易于掌控，而且更加结实耐用，最大的优点在于制作简便，每个制球人每天平均可以制作100个这样的古塔胶球。因此，与羽绒球相比，古塔胶球的价格非常便宜，更容易被大多数人接受。这样，这种运动就逐渐摆脱了贵族专享的特色。古塔胶球的流行使得高尔夫球得以再次盛行，1890年时，英国的高尔夫球俱乐部达到了387家，球场达到了140个。

（三）外层有小突起的橡胶核心球

1900年，一种新球宣告将取代已流行多年的硬橡胶古塔胶球。C. 哈斯克尔（Coburn Haskell）在参观了美国俄亥俄州阿克隆一间橡胶厂后受到启发，决定制造一种橡胶核心球，即用薄薄的胶皮来缠绕出一个有小突起外衣的胶球。1898年，哈斯克尔研制成功并申报专利。这种新球的优点非常突出，比以前的球可以多飞20米远，而且容易控制。尽管对一向以传统为重的球手们来说，哈斯克尔球改变了高尔夫球比赛的特性，但是引发哈斯克尔第一个灵感的古德里奇橡胶公司还是开始生产这种新球。1901年，沃尔特·特拉维斯（Walter Travis）使用这种新球一举夺得美国业余锦标赛冠军，卫冕成功。翌年，哈斯克尔球传到英伦三岛，英国选手山迪·赫德（Sandy Herd）使用新球在霍伊湖皇家利物浦球场取得英国公开赛冠军，击败了使用旧球的已经身为三次冠军得主的名将哈里·瓦登（Harry Vardon）。从此，哈斯克尔球才站稳脚跟，结束了新旧球谁优谁劣的争论。

（四）球表面凹痕的出现

对于哈斯克尔球，人们一直进行各种试验以期加以改进。于是，更新的球以球表面凹痕（Dimples）代替小突起，这样不仅可以保持同样良好效果的空气动力学特性，而且可以把球打得更精准。今天的标准高尔夫球均采用表面凹痕型，球的直径和深度虽然不同，品牌各异，但差别极小。厂家在促销战中，往往特别强调这种差异导致的不同飞行性能。专家们利用风洞等高科技手段检验这种球的空气动力学性能，其原则类似检验一架飞机的机翼。高尔夫球手在击球时，每个球都获得一种向后的旋转力，有凹痕的球比光滑的球能飞得更远、更稳定（图1-12）。

图1–12　橡胶核心表面有凹痕的球

二、高尔夫球杆的历史演变

高尔夫球杆是高尔夫运动中另一项最主要的器材，如果说几百年来高尔夫球有了相当大的变化，那么随着球的变化，球杆的变化则更多、更大。

（一）真正的“木杆”时代

苏格兰是高尔夫球运动的故乡，15世纪苏格兰就已出现第一支木杆（图1–13），杆身坚实，杆头沉重，握把缠绕着小羊皮等真皮，材质为山毛榉木，也有用苹果木、梨木和李树木的，这些木头都可以用来制成杆头。后来苏格兰人从北美引进了柿树，柿木质地密实、不容易开裂、木纹美观，是制造球杆的良好材质。准确地说，柿木木杆的制造是19世纪90年代才开始的。高尔夫球史学家认为，高尔夫球杆的制作最早应是15、16世纪，因为人们找到了那个年代遗留下来的杆头碎块，地点是荷兰。

羽绒球制造商高尔夫球运动的第一位英豪圣安德鲁斯的艾伦·罗伯逊也曾经是古塔胶球的抵制者，但是随着他对古塔胶球认识的转变，他开始研制更适合古塔胶球的球杆。曾经两个多世纪，打高尔夫球的器具没有发生过任何变化。杆身多由榛木或岑木制成，杆头为苹果木或山楂木所制，杆身和杆头被仔细镶嵌、黏合在一起，再缠上数圈涂过焦油的细麻绳。击球力度最大的就是带有长鼻型杆头的球杆（图1–14），它那1英寸长的击球部位只有很小

图1–13 早期的木杆

或根本没有倾角，45英寸长的杆身和今天所用的开球木杆一样长，但和杆头连接的角度为120°。因为早期打高尔夫球的人站得离球较远，而且采用的是水平横扫式的挥杆，杆头的底部还采用了相当奢侈的材料——一片公羊角进行加固。

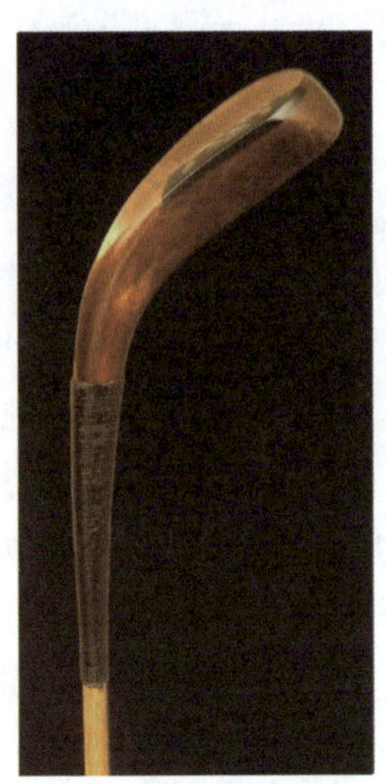

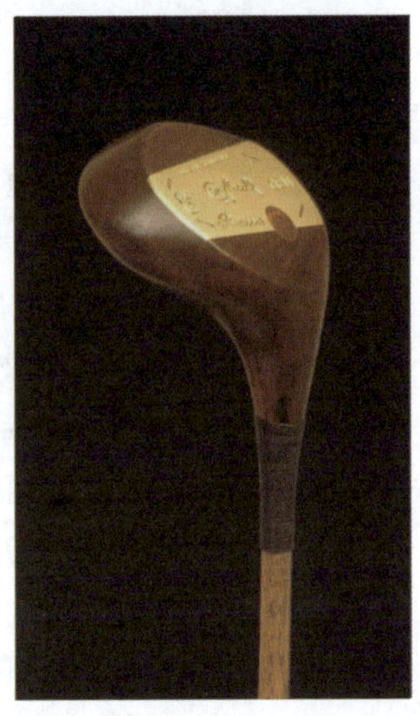

图1–14 长鼻型杆头的球杆

（二）金属杆头的出现

大约在18世纪初，由于对杆头硬度的要求越来越高，金属杆头球杆（图1-15）出现了，使用这种球杆更容易处理一些特殊困难球位的球（图1-16）。在球杆的演变过程中，杆头的外形也发生了变化。从早期的长鼻杆头、短鼻杆头以及杆趾为方形的笨重的大凹面杆头向圆形和椭圆形杆头发展，使得杆面击球更方正、更扎实。

图1-15　金属杆头球杆

图1-16　特殊杆头球杆

（三）杆种与杆面的发展

由于高尔夫运动要求在球场不同地点不同情况下使用不同的球杆，因此球杆的性能与用途不同，杆身长短和杆面倾斜度各异。从20世纪相继发现和找到的一批古董球杆可以获知，18世纪初到19世纪中叶的100多年中，在苏格兰一些球场上打球的人一般有8~12支球杆，杆身均为木质，包括开球木杆，球道木杆（图1-17），以及1支杆身较短、杆身与杆面角度更加竖直的木制推杆。早期的铁杆是经过工匠锻造打制而成的，到20世纪初叶，人们已经使用发球铁杆、劈起铁杆、沙坑铁杆和5号铁杆，连推杆也有铁杆。1895年铝材的推杆已被应用，为了增加铝质杆头的重量，杆头背部还被加上铅弹，后来球杆制造者还在杆面上加上沟纹，使得击球时让球产生旋转。

图1-17 球道木杆

（四）铁杆与杆身的发展

新材料与科技研究新成果不断推动球杆的改造与更新。20世纪初铁杆正式上市，1912年，第一批无接缝铁杆在英格兰问世。到了20世纪20年代，类别与模式已很齐全的铁杆已在美国行销。尽管如此，直到1929年，铁杆的合法性才获得圣安德鲁斯皇家古代高尔夫俱乐部承认。

钢材的材质优点使其无可置疑地在球杆制造业站稳脚跟，进而促使批量生产的专门行业形成。除了不锈钢材质外，20世纪下半叶开发出了碳纤维及硼纤维这些新材质。不锈钢价格不算高，弹性小，扭力较好；碳纤维和硼纤维的特性正好与不锈钢相反，但重量较轻，外观质感也好，进而价值感也很突出。碳纤维球杆的出现说来也相当传奇，五十多年前高尔夫球杆是金属杆身一统天下，当时的日本人由于身高和力量等条件制约，在这项运动中并没有多大作为。20世纪60年代，日本古洛布莱公司（GIII品牌球杆的母公司，前身为DAIWA精工，是世界最大的渔具生产厂商）的一位鱼竿设计师，在东京栃木县招待两位造访的美国朋友打高尔夫球，连续四天大败四场，原因是球打得没有美国人远，输在了力量不足上。精明的日本人突发奇想，索性把高尔夫球杆的杆头插到了碳素钓鱼竿上。结果重量之轻、弹力之大、击球的距离之远，都超出想象。经过反复改进试验，古洛布莱公司终于生产出了第一支彻底改变高尔夫世界的碳素球杆，所产生的奇迹震惊了世界，轰动了全球。由于碳纤维材质的球杆重量较轻，所以适合于女性高尔夫球手和中年以上的打球者使用。当然，越来越多的男球手也使用它们，因为可以将力道用在挥杆时的杆头上，从而达到增加击球距离的目的。

（五）钛合金的应用

近年来在高尔夫球坛掀起了一股“钛合金热”，争相购买和使用钛合金球杆。钛合金质量轻，但坚固程度远远超过钢材，主要使用于航天工业。使用钛合金制成的木杆杆头，其稳定性和弹性俱佳，令小白球被击得又直又远。钛合金杆的出现，使高尔夫爱好者如获至宝，高级职业选手也有了夺取比赛胜利的利器（图1–18）。

图1–18　钛金属的高尔夫球杆头

三、高尔夫球场的历史

（一）古老的高尔夫球场

最原始的一张高尔夫球场平面图可能产生于1413年以前。经过这么多年，洞的数目不断变化。最初在雷斯（Leith）和布莱克海斯（Blackheath）的球场有5个洞，后来，北伯威克（North Berwick）球场扩展到7洞，圣安德鲁斯球场扩展到12洞，最终达到了22洞。其原因是，当时可以用来打球的土地是窄条形。不到40码宽的地方分布着打出去和返回的洞。球手们打11个洞后再转回来，使用同一个球道和果岭。

1764年，皇家古代俱乐部通过一项决议，把前4洞变成2个洞，将一轮比赛减少到18洞。最终，9个果岭中的6个从侧面扩大了，使在上面打两个洞成为可能。巨大的双果岭使这个古老的球场闻名于世。又选择了新地点作为第17洞果岭，后来又增加了第18洞时，最初的9洞就成为前9洞，在扩大了的果岭上的6洞和新17洞在返回时打。

到1842年，球场总平面图和今天的一样，球场的轮廓没有变。第一次世界大战期间，那里的左手球场和右手球场曾按星期被轮番使用。1886年曾发生了一件偶然的事情：那年的业余锦标赛霍勒斯·哈奇森（Horace Hutchinson）赢得了冠军，他是在左手球场打的，按照当时的规定，应当使用右手球场。在官员们发现之前，锦标赛一直在进行。这是左手球场第一次，也是最后一次被使用。

（二）现代高尔夫球场

随着高尔夫球运动的发展，现代高尔夫球场的设计和养护具有了更高的水平和标准，场地的设计都是设计师根据自然的地形地貌，加以人工建设而成，草地的养护也是在球场草坪总监的科学指导下完成的，形成了生态环境上佳的运动、消遣场所。因此，高尔夫球运动和旅游被紧密地联系在一起。

现代高尔夫球场包括以下组成部分：

1. 平整舒适的发球台。根据球手的性别和水平高低来设置各种障碍的基点，一般分为金Tee或称黑Tee，是距果岭最远的发球台，一般为男职业球手开球用；其次是蓝Tee、白Tee，为男业余球手或女职业球手所用；距果岭最近的是红Tee，为业余女球手所用（图1–19）。

2. 连绵起伏的球道。球道草坪一般是低矮的短草，也是球手理想中的停球目标地，两侧是较长的长草，能给球手一定程度的考验（图1–20）。在球道中不同的距离还散布着深浅不一的白色沙坑，这更可以考验球手为自己减少麻烦和解决困难的能力（图1–21）。

图1-19　球台

图1-20　球道

3. 形状各异的果岭。将球送上果岭是每位球手完成一洞前的最大愿望，可是果岭面积相对较小，而且起伏不定，果岭的草坪非常低矮，几乎紧贴地面，在其四周还有一层不宽的类似球道的草坪，果岭周围一般设计成有池

图1-21 球道中的沙坑

塘、小溪等水障碍或沙坑保护着，这对每位球手来说都是一个巨大的考验，见图1-22中水障碍。

图1-22 果岭周围的池塘

4. 统一规格的球洞。这里是球手完成一洞的最终目标，球洞的直径仅有10厘米，如果被安置在周围地势较为平坦的地方，难度将减小，如果被安置在周围地势较为复杂的地方，那又将是对球手的一种考验（图1–23）。

图1–23 球洞

5. 球场其他景观。一般球道两侧，有高草或是灌木丛，相邻球道间有时是靠小山丘或是小树林分隔开的，球手击球出现严重失误时，这些景观很有可能成为球手们最为恐惧的巨大障碍，有时甚至在球道中央还可能有棵树成为球手击球的障碍（图1–24、图1–25）。

图1–24 球道两侧的各种障碍物及供球手或工作人员驾驶球场专用电瓶车的小路

图1–25 电瓶车行驶在蜿蜒的小路上成为一道靓丽的风景

第二章

高尔夫球场及装备

第一节　高尔夫球场介绍

一、球场

（一）场地要求

1. 高尔夫用地应满足高尔夫球娱乐活动的特点和技术要求，应选择交通便利、环境优美、绿色植被充裕茂盛和无污染的地段。

2. 高尔夫球场除主赛球场外，一般还应包括练习场地、俱乐部会馆、后勤服务、管理办公、停车场等，需要时还可附设度假居住设施、游泳池和其他娱乐设施等。

3. 高尔夫球场需有较开阔的草坪，一般宜利用丘陵缓坡地带设置，占地6.5×10^5~$7\times10^5m^2$，球道处地面起伏高差10~20m为宜。

4. 正规球场应划分为18个大小不一、形状各异的场地，每块场地均由开球台、球道、果岭和球洞组成。由开球台到球洞的间距不等。标准球场的总长5 943~6 400m，宽度不定。球场四周应有界线标志，关键地段设置界桩。每个分场地占地3×10^4~$3.5\times10^4m^2$。

5. 开球台即是开球用的草坪，台上有两个球状标记，相距4.5m左右，两个标记之间的连线被称为开球线。开球台一般面积30~150m^2，较其周围地表高0.3~1.0m，表面为修剪过的短草，有一定坚硬度且表面平滑。一般每个洞的开球台设两个，分别供男女选手使用。如供正式比赛使用，还需增设第三个开球台。球洞应高出开球台，但不宜超过20m。

6. 果岭为球洞所处的区域，其平面多呈近似圆形或椭圆形的自由形状，表面种植优质草坪，并经修剪和碾压密实，略有缓坡起伏，使球能在场地上无阻碍地滚动。

7. 由开球台到果岭和球洞间为平坦球道，其宽度最小30m，一般为40~50m，植以剪短的草皮。球道外为粗糙地带。靠近球道为宽2~3m的轻度粗糙区，即植有剪短的野草，其外侧为重度粗糙区，即为自然草丛或树林等，其间出球有较大难度。

8. 场地内可有意设置沙坑、水塘、小溪等形成障碍物地带，以增加击球的趣味和丰富场地的景观。

9. 合理布置不同长度的球道，球道长度一般按标准杆数计算，男子为3~5杆，女子为3~6杆。通常场内设3杆洞4个、4杆洞10个、5杆洞4个（图2-1）。

图2-1　球场设计整体效果图

（二）球场设施

1. 会所。会所也称高尔夫俱乐部，多设于球场的入口处，是为球员提供休息、更衣、餐饮的场所。会所前设有停车场，并且一般设置可供球员登高远望的观景点（图2-2）。

图2–2　高尔夫球场会所

2. 发球台。发球台是每个球道击球的开始，一个球道常包括3个远近不同的发球区，分别为女发球区（比男发球区接近果岭20%）、男发球区及比赛发球区（位于开球区后离果岭最远处），有时也将三个发球场合并成一个大的发球区。发球区应高于四周地势，以利于雨天排水（图2–3）。

图2–3　发球台

3. 球道。球道是球场中面积最大的部分，是从发球区到果岭所经过的路段。球道两侧是起伏的地形或树丛，使球道和球道相分离，球道为宽阔的草坪，球员一般能够在发球区看到果岭。根据运动员的击球距离，常在落球区和果岭周围有计划地设置沙坑、水塘、小溪等障碍物，用于惩罚运动员不准确的击球，并提高比赛的刺激性和激烈程度（图2–4）。

图2–4 球道

4. 果岭。果岭是每个球道的核心，是球洞所在地。球被打入球洞后，也就是该球道的结束，进入下一个球道。果岭的面积为111～2 545m^2，形状有圆形、椭圆形等，高度比四周地势高0.3~1.0m（图2–5）。

（三）高尔夫球场的一些设计要点

高尔夫球场的设计具有一定的灵活性，它与其他体育运动场所不同，没有固定的严格尺度要求，只要基本满足每洞的杆数和球道的长度要求即可。高尔夫球场一般选择在具有自然地形的区域，所以设计的一个重要原则是因地制宜，巧妙利用原有地形，充分利用原有的丘陵、山地、湖泊、林地等自然景观，与高尔夫球场的竞赛要求相结合，尽量降低土方量，进行综合规划与设计。这样不但节约投资，而且容易形成自己的特色。追求个性是高尔夫球场设计的一大特点，在全世界没有两个完全一样的高尔夫球场，每个高尔夫球场都在自身特色的创造上进行了深入的研究，以期吸引更多的会员。

1. 发球台的设计。发球台的形状多种多样，以长方形、正方形、椭圆

图2–5　果岭

形为常见，另外还多用半圆形、圆形、S形、L形等。发球台一般面积为30~150m^2，较周围高0.3 ~ 1.0m，以利于排水并增加击球者的可见性，表面为修剪过的短草，草坪有一定坚硬度且表面光滑，要求地表水能迅速排出，从发球角度考虑又应有一定的平整度，一般取1%~2%的微坡度。

2. 球道设计。南北方向是较理想的球道方向，球道一般长90~550m、宽30~55m，平均宽约41m。

3. 果岭设计。设计果岭时应考虑下述方面的内容：

（1）果岭是高尔夫球场的关键区域。每个果岭的大小、造型、轮廓和周边的沙坑都各具特色，以创造丰富的挑战性和趣味性。果岭草坪高度要求为0.05~0.064m，并做到均匀、光滑。

（2）果岭的排水。果岭上的地表水应从两个或两个以上的方向排出，果岭的地形设计应使地表水的排水线避开人流方向。一个果岭的大部分坡度不应超过3%，以保证击球后球运动的方向。

（3）练习果岭。练习果岭是供高尔夫球学习者练习击球进洞的专用场地。练习果岭通常位于高尔夫俱乐部和第一个发球台附近，应能够设置9~18个球洞及它们的替换位置。果岭表面应有一定的坡度，同样以3%为宜。为保证练习果岭草皮的质量，一个高尔夫球场应设置两个或两个以上练习果岭，轮换使用为佳。

4. 障碍区。障碍区一般由沙坑、水池、树丛组成，其目的是用来惩罚运动员的不准确击球，将球从障碍区击出要比在球道上击出困难得多。

（1）沙坑。沙坑一般占地面积为140 ~ 380m^2，有的沙坑可达2 400m^2左右。现在大多数18洞高尔夫球场有40~80个沙坑，可根据打球需要和设计师的设计思想来确定。球场沙坑的设置应合乎自然策略，通常球道沙坑位置由锦标赛发球台的距离而定。沙坑的位置还要根据该地的排水特点，沙坑要有好的地上和地下排水条件，一般设置在地势低平和地下排水充分，或在沙坑下有良好的渗水条件的区域内。沙坑可以建在草地平面以下。从维护管理角度来说，果岭一侧的沙坑应设置在距离果岭草坪3~3.7m的地方，以便修建机械的通行及防止沙坑中沙子被风吹到草坪之上。果岭基层沙坑内的沙厚至少应为0.1m，沙坑的斜坡或凸起的沙层厚度至少应为0.05m，球道沙坑的沙厚相对要浅一些。高尔夫球场沙坑的用沙要求是比较严格的，75%以上沙子的粒径应为0.25~0.5mm（中粒沙）。沙子选用有棱角的沙子为最好。沙子的颜色以白色、褐色或浅灰色为好，但应避免沙子颜色太白，导致看不清球体。

（2）水池。水池不仅是击球的障碍，同时还可起到很好的造景作用。水池可以设计于单个球道内，也可以几个球道共用一个水池，有时也将球台或果岭设在四面环水的岛上，增加击球的难度和乐趣，丰富球道景观。水池边适宜造景，可架小桥，在面积较大且水源充足时，可以规划喷泉或瀑布。

5. 标志树。高尔夫球场中的标志树是为使高尔夫球手在击球时能够计算出球落点的位置而栽植的，常在距发球台50、100、150、200码（1码=0.914 4米）的位置上栽植，可在50、150码处栽植单棵大树或小树，在100、200码处栽植两棵大树或小树，使击球手容易判断球落地的距离。

6. 其他。除上述涉及的方面外，高尔夫球场设计一般还要包括练习场、会所以及休息亭等，可根据具体情况灵活设置。球场面积方面，从占地几十公顷的土地规划出18个球道，一般18洞的球场，是由4个短洞、4个长洞以及10个中洞所构成，标准杆为72杆。然而，若有地形特殊和土地面积大小等因素的差异，其标准杆也可介于72杆加减3杆之间。总而言之，18洞标准杆在69至75杆之间皆可接受。在善于规划的设计师设计下，整个球场18洞刚好可以使整组14支球杆充分发挥运用。

二、练习场

练习场是专供初学人员和爱好者练习打球的地方，一般有真草练习场和人造打击垫打位练习场两种。有些练习场还配有果岭区和沙坑区，供大家练习推杆、沙坑杆和短杆。练习场可以设在城市中或高尔夫球场附近（图2–6、图2–7、图2–8、图2–9）。

图2–6　练习场侧面图

图2–7　水上高尔夫练习场

图2-8 练习场正面图

图2-9 练习场中沙坑与距离标记

三、校园高尔夫项目

校园高尔夫运动与社会高尔夫运动有所区别，多数学校由于场地空间等方面的限制，很难拥有完整的球场和练习场地。目前，对学生来说，在社会的球场和练习场学习高尔夫的费用还相对过高，学生在学校的高尔夫课程班上课则是免费的。校园高尔夫课程主要采用场地短距离打位练习、果岭推杆练习和模拟器下场练习来完成高尔夫运动的主体内容。

（一）短距离挥杆场地

短距离挥杆练习场地（图2-10、图2-11、图2-12）主要用于练习基本的击球技术，优点是便于在学校开展、投资相对较小、有较高的安全性与实用性。

图2-10　室外挥杆练习打位侧面图

图2-11　室外挥杆练习打位正面图

图2-12　室内挥杆练习打位

（二）人造练习沙坑与果岭

室内人造果岭与沙坑如图2-13所示。

图2-13　室内人造果岭与沙坑

室外人造果岭与沙坑如图2-14所示。

图2-14　室外人造果岭与沙坑

（三）室内模拟器

室内高尔夫模拟系统（图2-15）是现代高科技在休闲娱乐领域的一个成功应用项目。它利用计算机图形图像处理技术将国际标准高尔夫球场资料装入系统静态存储器中。运行时，计算机自动将该球场资料输入系统内部动态存储器，并通过超大屏幕投影机将球场景观逼真地投射到打球者前面的耐撞击银幕上，使打球者有身临球场的感受。打球者根据电脑球童的建议，选择合适的球杆，像在球场上一样，把球打向果岭区的旗杆。球飞出后，测量系统立即将球飞出的速度、角度、旋转方向及转速等数据传递给系统主机，计算机便可计算出球飞行的距离、弹道及落点，并在银幕上将球飞行的轨迹显示出来，然后将画面推进到落点处，让打球者在落点处继续打下一杆，直到将球推入球洞。整个过程与在高尔夫球场打球并无不同。高尔夫室内模拟器比较适合校园学生使用，使校园高尔夫课程更具完整性。

图2-15　室内高尔夫模拟器

第二节　高尔夫运动装备介绍

一、高尔夫球

（一）材料

高尔夫球是用橡胶制成的实心球，表面包一层胶皮线，涂上一层白漆。球的直径有42.67毫米，重46克。高尔夫球从结构上可以分为单层球、双层球、三层球、多壳球；从硬度上可以分为硬度90~105、硬度80~90、硬度70三种。

（二）外形

高尔夫球表面有意制造了许多的凹痕。高尔夫球的形状是空气动力学研究的成果之一。这与球体绕流（即绕球体的流动）的湍流转捩及分离流现象有关。

光滑球体绕流时，湍流转捩发生得晚，与湍流对应的规则流动称为层流。而层流边界层较易发生流动分离现象（即流线离开球的表面），球体迎面形成高压区，背面形成较大的低压区，产生很大的阻力（压差阻力）。使高尔夫球飞行的距离很短。而球体表面有凹痕时，凹痕促使湍流转捩发生，湍流边界层不易发生流动分离现象，从而使球体背后的低压区小，减少了阻力。使高尔夫球飞行的距离增大。湍流的摩阻比层流要大，但与形阻相比，起的作用很小，总的阻力还是变小了。高尔夫球表面的小突起，也能起到促使流动分离的作用，但突起对流动的干扰有些难以控制，造成一些侧向力（也可以叫升力）。球体规则绕流是没有升力的，旋转会产生升力，合适的升阻比会使飞行距离增大，不同的旋转方向会造成“香蕉球”的效果。

（三）解剖结构

高尔夫球的解剖结构如图2-16所示。

1. 单层球。单层球（One-Piece-Ball）这种球也可以叫做一体球或一件头球，一般仅用于练习或用于练习场（Driving Range）。球体由硬橡胶压制而成，并且涂漆。

图2-16 高尔夫球的解剖结构

2. 双层球。双层球（Two-Piece-Ball）这种球也叫做双体球或两件头球，是最常用的球。球心外面为硬橡胶或塑料，或者是其混合物（配方通常保密）制成外壳，厚度约为1毫米。由于外壳质地不同、成分不同、坚固性与抵抗力（Durability）不同、硬度不同、颜色以及凹痕不同，就产生不同的特性与效能，表现在击球的高度、远度与滚动性等方面。

从球的结构本身并不能推断出其功能如何。双层球，即由一个大的球心和一个相对来说较薄的外壳组成的球，过去被称之为“远距离球”（Distance Balls）。球的飞行距离较长，因为它倒回旋较少，速度较快，球手击球时有硬实的击球感。运用先进的工艺手段已可以制造出这种效能较高的比赛用球。这种球较软，旋转快，因而深受PGA巡回赛选手们的青睐。市场上大多数飞行距离远，或者说抗损耗的高尔夫球均采用这一结构。

3. 三层球。三层球（Three-Piece-Ball）也可以叫做三件头球，只供水平较高的球手使用。在由橡胶或塑料或混合物做的大约相当于榛子大小的球心外面包围着充满液体的胆，像线团状般缠绕薄橡皮条，外壳为橡胶制品巴拉塔（树胶）。高水平球手喜欢使用这种胶核液体球心球，因为击球时可以找到感觉，容易控制。如果击球不准，也容易产生裂口和切痕。

过去爱用三层球的都是一些比较注重球的旋转和软一些感觉的球手，因而他们宁肯不追求把球打出远距离。现在由于使用了新结构，这种球不再有这一缺点，因为球的飞行速度和抵抗力都有了明显的提高。目前大多数具有最高旋转性和最佳击球感觉的球仍采用这一久经考验的三层结构。

4. 多壳球。击球越有力，球越容易变形。多层球就是根据这个道理设计和制造的，目的在于使任何击球力度都能产生最佳结果。球心的设计是为了便于使用开球杆能将球打得尽可能远；中间层适应铁杆大力击球；外壳适合获取最佳击球感觉以及半挥杆、切击球和推杆时的回旋球。

最新设计的球在球心和外壳内开始渗进钛、钨和镁等金属粉末，在球体中附加这类金属是为了增大其强度和改变球体内的重量分布。材料学是当代前沿科学之一，其研究成果运用到高尔夫器材上已非常普遍，而且带来了一场革命性的改变。对于这种“金属球”，有的职业球手开玩笑说，要是球洞里有块磁铁就好了。

二、高尔夫球杆

（一）高尔夫球杆分类

正规的竞赛中，每位选手可以携带14支以内的球杆参赛，球杆若少于14支时可补充到14支。在成套购买的球包中（图2–17），一般包括1号、3号、5号木杆（图2–18），3号、4号、5号、6号、7号、8号、9号（图2–19）、劈起杆、沙坑杆（图2–20）等9支铁杆和一支推杆（图2–21）。

图2–17

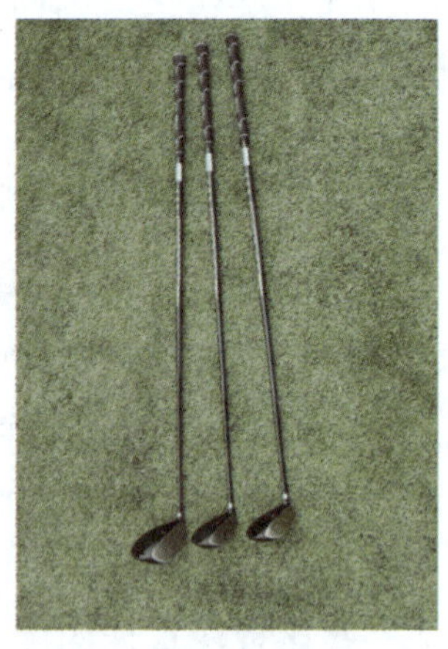

图2–18

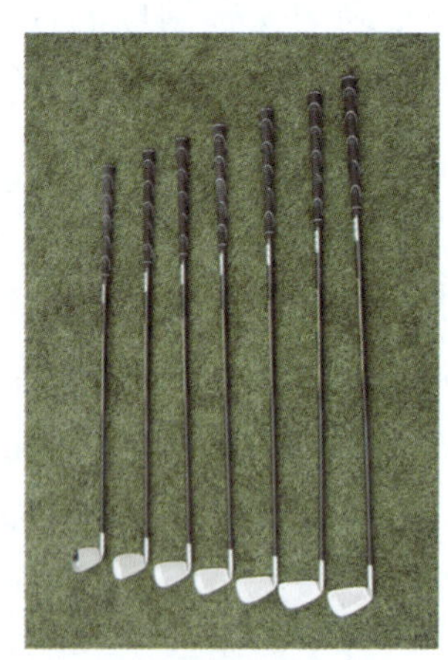

图2–19

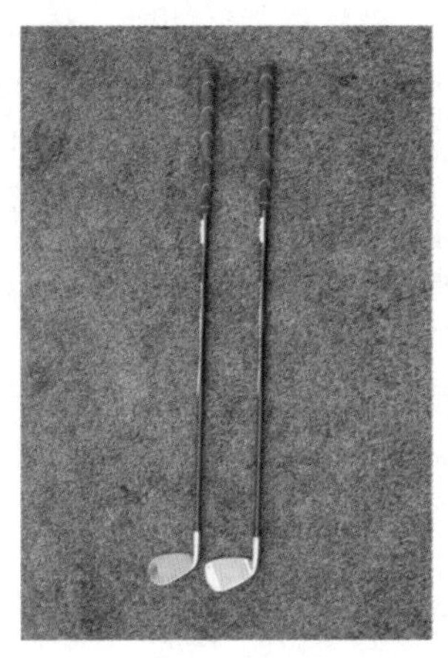
图2-20

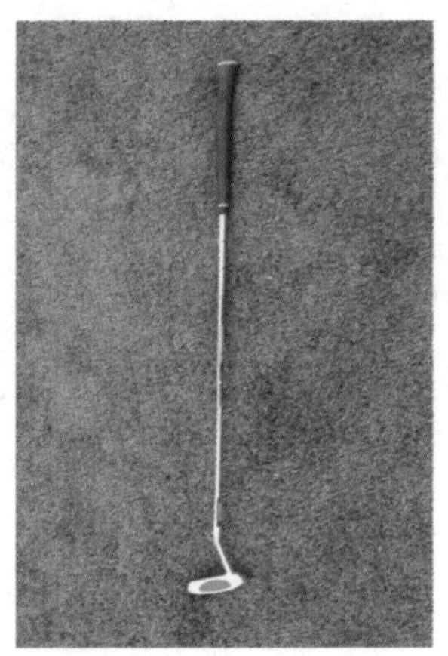
图2-21

这些杆在比赛中有各自的用途，杆面的角度、杆身的长度和击打球飞行的距离也各不相同。球杆的主要参考数据见表2-1。

表2-1 球杆的主要参考数据

木杆	球杆名称	业余男选手距离（Yard）	球杆长度（寸）	杆面斜度	杆身斜度
1	Driver	200~250	43.5~47	9°~11.5°	55°
2	Brassie	190~220	43	12°	55.5°
3	Spoon	180~210	42.5	15°	56°
4	Baffy	170~200	42	18°	56.5°
5	Cleek	160~190	42.5	21°	57°
7	Heaven	150~170	41.5	24°	58°
9	DivineNine	140~160	40.5	28°	59°
11	ElyWould	130~150	39.5	32°	60°
铁杆	球杆名称	业余男选手距离（Yard）	球杆长度（寸）	杆面斜度	杆身斜度
1	DrivingIron	190~210	39.5	16°	55°
2	MidIron	170~200	39	19°	56°
3	MidMashie	160~180	38.5	22°	57°
4	MashieIron	150~170	38	26°	58°
5	Mashie	140~160	37.5	30°	59°
6	SpadeMashie	130~150	37	34°	60°

续表

铁杆	球杆名称	业余男选手距离（Yard）	球杆长度（寸）	杆面斜度	杆身斜度
7	MashieNiblick	120～140	36.5	38°	61°
8	DitchingNiblick	110～130	36	42°	62°
9	Niblick	100～120	35.5	46°	63°
10（P）	PitchingWedge	110以内	35.5	50°	64°
（SW）	SandWedge	90以内	35	55°	64°
11（F）	SecondWedge	80以内	35	54°～64°	64°
A	Chipper	50以内	34.5	20°～35°	65°
推杆	Putter	30以内	多样化	3°～6°	多样化

注：

1. 女子球杆较男子球杆短1寸，距离短30码，杆身斜度（LIE）多1°左右。

2. 职业男选手的铁杆距离，每隔1号杆相距15码，业余男选手相距为10码。

（二）各类球杆的使用说明

1. 1号木杆的使用。1号木杆主要是用于开球，由于杆身最长，能够增加杆头速度，将球击得更远，但也正因为杆身长，所以最难控制。

打好1号木杆的前提是：保证正确站位及站姿、自然的引杆动作、顺畅且身体与球杆成为一体的上杆动作、自然柔和的下杆动作、由内至内的挥杆路径、强劲的击球瞬间以及顺势完成的收杆动作（图2–22）。

图2–22

1号木杆的挥杆动作与7号铁杆完全一样，但是由于球位相对靠左，身体重心相对靠右，所以可以获得向上的角度击球，即杆头经过挥杆弧度的最低点、向上运动的瞬间击球。在使用1号木杆开球时，还需要使用架梯。架梯的高度应适宜。

（1）正常情况下，将球置于架梯上，球位应高于杆头顶盖半颗球。

（2）顶风、天气干燥或冬天球道较硬时，应压低球飞行的弹道，打出穿透力更强的低飞球。这时架梯要矮一些，站位双脚距离较窄，上杆幅度减小（大约做3/4的上杆），送杆也相对减短。

（3）顺风时，架梯应架高些，打出高弹道的球，球可以借风势飞行更远的距离。

2. 球道木的使用。球道木分2号至9号，男子一般常用3号和5号，女子通常用7号和9号，打法是平行扫球，杆头同时扫过球和草皮。

（1）挥杆动作与其他球杆一样，但是由于杆身较铁杆长，所以球位更靠左。

（2）击球瞬间，双臂不要离开身体，特别是左臂要夹紧。

（3）杆头击中球后，仍贴地面移动一段距离，不要将球杆抬起，而是顺势将杆头尽量送出去。

（4）在粗草区，球道木比铁杆更容易从草上滑过，因而更有优势。

（5）球落在树林中，一定要打低飞球时，球道木能起更大作用。

（6）在球位状态不好、地面湿软或风大时，尽量不要使用球道木。

3. 长铁杆的使用。经常使用的长铁杆是3号和4号铁杆，可以把它们想象成球道木杆，利用杆身的长度，通过离心力的作用，找到以平行的角度将球挥出去的感觉。

（1）打好长铁杆不仅需要技术，还需要有能够控制长铁杆的体能和体格。

（2）上杆时，右侧牢牢顶住，左侧最大限度地右移。

（3）下杆时，左侧牢牢顶住，右侧最大限度地左移。

（4）长铁杆一般在球位状态正常情况下使用。

4. 中铁杆的使用。5号、6号、7号铁杆统称为中铁杆，主要用于打出中等距离的球。中铁杆的杆头重量、杆面角度及杆身长度最适宜初学者掌握，所以一般教学都从7号铁杆开始。

（1）球位置于双脚中间。

（2）上杆动作不宜过大，上杆至顶点时，双手位置与右耳平齐。

（3）采用向下击球的方法，击球后在球位前的草皮上留下前脚掌大小的痕迹。

（4）在3杆洞时，可插短梯，用于开球。

（5）在球位状态不好时，站位时球位应靠右。

（6）挥杆力量不要超出能力范围，一般只用80%的力量。

（7）在一定距离内可用于攻果岭。

5. 短铁杆的使用。短铁杆包括8号和9号铁杆，主要强调球的飞行方向和距离的准确性。

（1）主要用于攻果岭，挥杆动作小，打出距离近。

（2）采用较为开放的站位，体重60%靠左腿支撑。

（3）引杆时，杆头沿目标线向后移动20～30厘米后再向上拉起。

（4）球位离身体较近，握杆后左手距身体一拳距离。

6. 挖起杆的使用。挖起杆通常是指选手球包中的劈起杆（P）和沙坑杆（S）。

（1）经常使用于果岭附近和球位状态困难等情况。

（2）采用较为开放的站位，体重60%或者更多靠左腿支撑。

（3）双手前移超过球位，便于向下击球。

7. 推杆的使用。推杆是用来在果岭上朝球洞方向推击球的专门球杆，推杆杆身较短，杆面倾角最大不超过5度。推杆主要有条形（也叫刀背形）和槌头形两种。

三、其他装备

进行高尔夫运动除了要有完整的套杆，还应准备好其他应有装备。

（一）高尔夫运动专用鞋

高尔夫的球鞋设计很特别，表面上来看，它的样子很像休闲皮鞋，而实际上，它在形状、材质、结构和配件等方面与皮鞋的设计是很不同的，特别是鞋底的特殊鞋钉设计，既保证了良好的抓地性，又保证了透气性，使草地能够自由地呼吸，不容易损坏草地。鞋底钉还可以确保球手站得稳，有助于在不平坦的路面行走和防滑。在选择高尔夫鞋时要特别注意装嵌在鞋下的皮和底皮中的螺丝是否牢固，这个螺丝如果损坏，整双鞋也就宣告报废

（图2–23）。选择高尔夫鞋的出发点是合脚，不要过大或过小，脚在鞋内应没有被挤压的感觉。为了方便球鞋的携带，应该配备专用的高尔夫鞋包。

图2–23　高尔夫球鞋图

（二）高尔夫手套

在高尔夫球运动中，为改善握把效果，球手通常会戴上手套击球，通常右手型选手戴在左手上，左手型选手戴在右手上，而女球手一般左右手都戴（图2–24、图2–25）。

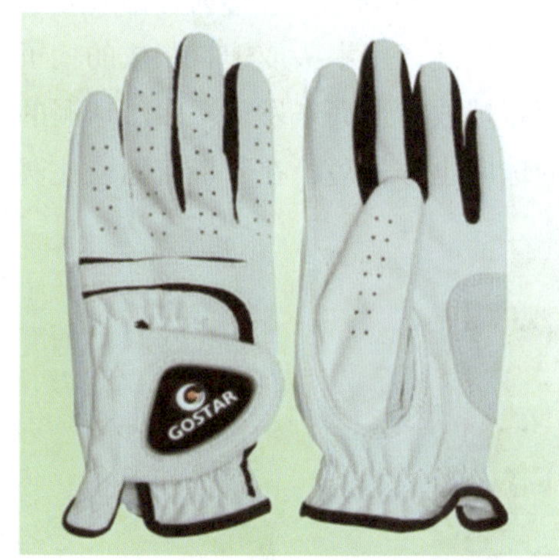

图2–24　男士手套

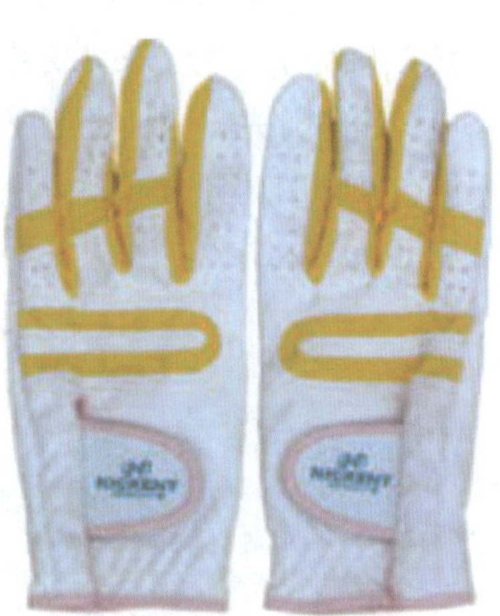

图2–25　女士手套

高尔夫手套的材质基本上分三类：真皮、PU材料、布类。其中真皮又分为绵羊皮、山羊皮和其他皮。实际中可能同时使用几种材料。

真皮手套的手感好，可以提供最佳的握杆击球感觉，是高手的选择，缺点是易损耗、难打理，而且价格昂贵。PU材料手套的优点是价格便宜，但透气性和质感稍差。但一些高档PU具有部分真皮的性能，它们的柔软性和手感都非常好，部分专利产品的透气性也相当高，甚至可以透过水蒸气，当然这些产品的价格也直逼真皮类手套。无纺布（超细纤维料）和超纤布的手套是最耐打的，一般价格介于前两种手套之间，缺点是穿戴时间长了会变形。

（三）高尔夫服装

高尔夫运动不仅是一项体育运动，而且也是一种高雅的社交活动。既然是绅士运动，就要有绅士的形象。打高尔夫球对着装有特别的规定，这是长期历史发展沿袭下来的高尔夫文化的一部分。

早期的球手打球要穿燕尾服，着长筒靴。随着社会的发展，服饰规定就没有那么严格了。通常的高尔夫服装分为上衣和裤子两部分。上衣是长袖或短袖的运动衫款式，裤子（不论长裤或短裤）是纯棉或纯毛的西裤或便装裤。圆领汗衫、吊带背心、牛仔系列服装、超短裙、过短短裤等过于休闲的服装不允许穿上场。总之，穿着要舒适得体，整洁干净，衣服应宽松，使身体能充分舒展，同时衣料质地柔软，吸汗能力强。

（四）球座

Tee这个词在高尔夫当中有两个意思：一是打高尔夫发球时球道开始的草皮略微突起部分，即发球区或者发球台；二是指用木头或塑料制成的梢子状的球座，发球时先将它插进地面，以便将球放在上面来发球。由于球洞的长度不同，开球的球杆也不相同，使用的球座也分长短，在下场打球或比赛时要带充足（图2-26）。

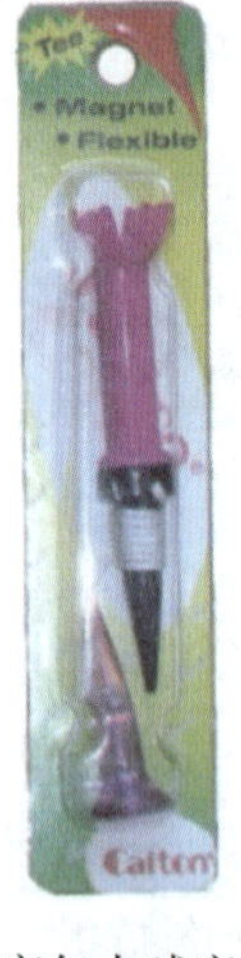

图2-26　高尔夫球座

（五）标记

高尔夫规则规定，当球打上果岭后，可以把球拿起来擦拭。为了记住球的位置，在拿起球前，需要在球的后面做上标记。到打球时，再把球放回原处，把标记拿起。标记一般用塑料制成，为图钉状（图2–27）。

（六）修钗

修钗是修理果岭的工具。由高处落在果岭上的球，有时会在果岭上砸出一个小坑，或者穿钉鞋不小心划坏果岭等，都会使果岭遭到损坏。打高尔夫球时，发现了以上现象，应立即主动用修钗进行修理。爱护场地是每一个人的职责，打高尔夫球一定要备有修钗（图2–28）。

图2–27 高尔夫标记

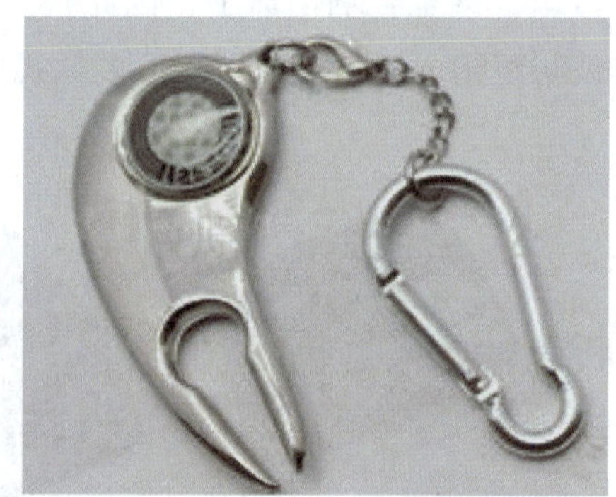

图2–28 高尔夫修钗

（七）高尔夫球包

球包分为支架包、枪包、航空包、车载包、专业包等。球包除了是收纳球杆的容器，还是塑造自我个性的工具。对于球包的选择在某种程度上也定位了球手的品位，是精神层面上的一大突破。

作为高尔夫球装备，球包不仅有审美价值，最主要的作用是为球手提供极大的方便，使其除了具备收纳性，还能保护球杆，整理琐碎装备（图2–29）。

图2–29 高尔夫包

（八）衣物包

图2-30　衣物包

主要用来装换洗衣物以及打球专用的球鞋。此外，它还可以作为旅行时，收纳随身携带的衣物、日常用品等的装备。其材质多样，包括皮、革、尼龙等，其外形也可彰显使用者的个性和品位（图2-30）。

（九）高尔夫帽子

帽子在高尔夫球运动中是不可缺少的用品之一。由于比赛是在光线充足的户外，太强的阳光会遮挡住球手的视线，影响击球，甚至会晒伤球手，因此在太阳底下打球应戴太阳帽；在下雨天打球应戴防雨帽。高尔夫球帽有很多款式可供选择（图2-31）。

图2-31　高尔夫帽子

（十）雨伞

高尔夫伞可以说是能拿在手上的最大的伞了，正常规格都在25~32寸。随着更多的人了解其品质佳、外形美观大方、遮阳挡雨效果好等优良特点，高尔夫雨伞渐渐地普及开来。

1. 面料。高尔夫伞的面料多选用中高档雨伞专用面料，其中主要有190尼龙银胶布与190PG布，采用这样的面料，做出来的伞往往伞面平整，淋雨后，水珠很快就滑落下来。190尼龙银胶布具有防紫外线功能，能过滤掉炎炎夏日的暑热，并且艳丽的色彩，也让人赏心悦目。190PG布（又常被称为碰汁布）手感柔和，极有质感，朴实无华，让人觉得稳重大方（图2-32）。

2. 手柄。高尔夫伞的手柄目前常用的有EVA直手柄、塑胶手柄、塑胶喷橡胶漆手柄、木手柄、塑胶包铁手柄、镀钛铁手柄等。

3. 伞骨。高尔夫伞早些年还是基本采用铁槽骨，甚至双槽骨，太笨重。现在流行的高尔夫伞伞骨以纤维骨为主，质量轻，不易折断。也有采用短铁槽骨、长纤维骨的混合做法。

4. 常规规格。25寸的直杆伞就可以称之为高尔夫伞。较常用的规格有27寸×8K、30寸×8K、34寸×8K，还有16K/24K的。其中，“K”是指伞骨的根数，8K就是8根伞骨。

图2-32 高尔夫雨伞

（十一）高尔夫捞球器

高尔夫捞球器是一端带有铲子的长杆，用来从积水区和其他区域收集高尔夫球（图2-33）。

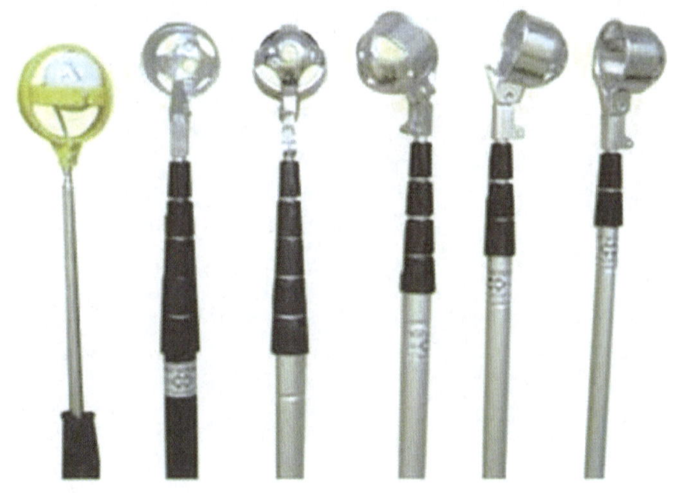

图2-33 高尔夫捞球器

第三章

高尔夫规则及礼仪

第一节　高尔夫运动的精髓

注重礼仪是高尔夫球运动最重要的文化组成部分，因此高尔夫也被称为“绅士运动”，深受成功人士和渴望成功人士的青睐。任何一项体育运动，都是一种游戏，参与者都要共同遵守统一的游戏规则。为了使游戏能够公平、公正地进行，多数情况下都是由裁判执行规则和判罚。裁判是竞技游戏的重要组成部分，而高尔夫球运动则大多是在没有裁判员监督的情况下进行的，这项运动主要依靠每个参与者主动为其他球员着想和自觉遵守规则的诚实信用。不论对抗（非身体接触）有多么激烈，所有球员都应自觉约束自己的行为，在任何时候都表现出礼貌谦让和良好的运动精神。由于高尔夫球运动的特殊性，参与者既是运动员又是裁判员，所以对参与高尔夫球运动的人品、道德、行为和约束力提出了更高的要求。

为了使所有参与高尔夫球运动的球员最大限度从中获得乐趣，首先就要了解高尔夫球运动的精髓，这就是诚信、自律、为他人着想。公平、公正永远在球员心中。如果你做不到诚信、自律、为他人着想，你在高尔夫球运动中获得的仅仅是你自认为的好成绩或是一时的个人利益和荣誉，失去的则将是朋友的信任、友谊、乐趣，甚至是参加高尔夫球运动的资格。

一、诚信

如果把诚信拆开来解释：一曰“诚”（诚实、诚恳、诚意）；二曰“信”（信任、信誉）。是不是弄虚作假涉及“诚”，能不能言而有信、行为是不是能让人信任，则涉及“信”。诚信主要是对人道德层面的要求，是经过教育与培养所形成的一种优秀品德。诚信也是一种态度，一种尊重自己、尊重别人的心理态度。不论在什么样的环境下，无论面对什么样的人，任何情形与状况下，运动员都要始终坚守诚信的原则。它应该是发自内心的，也是强大而稳定的，甚至被总结为：“打球看人品”。高尔夫球运动特点之一就是场地大，球的落点状况复杂多变，在没有裁判员监督的情况下，对球员的诚信是个极大的考验，特别是面对着利益和荣誉的极大诱惑。高尔夫球运动的基石就是“在球场的现有环境下打球，在球的现有状况下打球，如果两者你都难以做到，那么按公正的原则打球”。如果你能在打球的过程中始终坚守着诚信、公平、公正的原则，你将会从高尔夫球运动中获得极大乐趣。举个诚信的例子，2010年9月2日，在美国威斯康星青少年PGA比赛中，一位14岁的少年做出了一个让人感到惊讶的决定，他取消了自己的参赛资格，退还了所获得的奖牌。事情的经过是这样的，8月11日14岁的扎克·纳什打出了77杆，赢得了密乐瓦基县公园巡回邀请赛13~14岁年龄组的冠军。夺冠之后，扎克·纳什去了河流荒野高尔夫俱乐部。这个夏天，他每天都要在这个俱乐部打36洞，他一边练习，一边同他的一个老师、俱乐部的首席教练克里斯·伍德交谈。“我向每个人展示了自己的奖牌，随后克里斯和我一起去喝汽水。他对我说‘嗨，这是谁的球杆？’我回答说‘是我朋友的’。他接着说‘就是说你有15支球杆！’听到那一句话之后，我相当吃惊……”扎克·纳什触犯了规则，按照规则每个洞他多带一支球杆将被处罚2杆，不过总的罚杆不能超过4杆。扎克·纳什在比赛中没有注意到这支额外的球杆，也就是说他在记分卡上签字的时候没有加上罚杆，这意味着他签错了记分卡，其结果应是参赛资格被取消。扎克·纳什不住地在伍德面前流泪，随后伍德叫来了扎克的父亲，将他接回家。那天夜里傍晚的时候，扎克·纳什给赛事总监打去了电话，解释了所发生的一切，他将奖牌寄了回去，随后这枚奖牌被授予原来的亚军。事后，扎克·纳什的教练和他的父母都为他的行为感到骄傲。

二、自律

如果说诚信是一种内在的心理态度，自律则是外在的行为要求，或者说是心理态度的外在表现，二者是有机的统一体。“诚信”主要是对道德层面的要求，“自律”则是侧重对于个人行为的规范。高尔夫球运动所倡导的“自律”类似于中国传统文化中的“慎独”“自省”“求诸已”的君子精神。一个人如果能做到独处时也为“君子”，这便达到了“自律”的最高境界。然而自律的养成是一个漫长的过程，它伴随着“诚信”的提高而成长，自律要求一个人拥有充分而彻底的责任感。加强自律是磨炼意志的过程，有助于磨砺心志，大凡成功者都是懂得自律的人。如果一个人有意识地培养自己的自律精神，时时处处做到自律，定会使自己的人格和心智更加完美，最终走向成功的彼岸。说到高尔夫球运动的自律，就是尊重规则，首要的就是保证在任何情况、任何条件下对规则的遵守，自律也保证了高尔夫球比赛的公平。

三、为他人着想

为他人着想属于高尔夫球礼仪范畴。绝大多数情况下，高尔夫球礼仪并不与规则本身发生关系，但是在《高尔夫球规则》中礼仪却永远放在所有的正式规则条文之前，这足以说明遵守高尔夫球礼仪在从事这项运动中的重要性。

第二节　高尔夫运动的礼仪

一、练习场礼仪

高尔夫练习场，不仅是初学高尔夫的人，也是职业选手经常光顾的地方，打练习场要遵守以下礼仪：

（1）安全是头等大事。练习场在打位和休息区之间一般有黄色标识，请非打球人员，远离黄线。球友互相指导时，一般站在击球方向的反方向比较安全。

（2）不要大声喧哗。高尔夫运动是要求注意力非常集中的运动，练习场也是公众场所，大声喧哗必然引起大家的反感。

（3）不要带宠物进入。宠物是人类的朋友，但也应注意场所。

（4）注意着装。练习场的着装与下场要求别无二致。正规练习场规定，男士需着有领有袖上衣，女士不得穿超短裙，男女如穿短裤不可高于膝盖四寸，一律不可穿牛仔裤。

（5）练习果岭时，注意保护草坪。

（6）遵守练习场的各项规定，不要擅自走出打位在草地上击球。

（7）去练习场之前最好事先打电话咨询或者预约。

二、高尔夫会所礼仪

高尔夫会所是每位客人或接送人必须经过的场所，要注意仪表和举止。良好的着装和行为不仅代表一个人的素质，也是对其他会员和客人的尊重，每个人都有维护俱乐部形象的义务。

（1）充分利用更衣室。即使是换双鞋，也最好到更衣室去，不要在会所大堂里脱袜脱鞋。

（2）安排好随行人员，不下场的随行人员也要注意自己的行为，不要大声喧哗、大声接听电话，更不要衣衫不整地在会所里打瞌睡。

（3）保持鞋底干净。下场回来进入会所之前，一定要将鞋底的泥和草清理干净。

（4）下雨天不要把伞带进会所，保持会所的公共卫生。

（5）保持洗手间清洁。卫生间最能体现一个人的素养，保持水盆、马桶的清洁也是为他人着想的绅士之举。

三、高尔夫服饰礼仪

一般的高尔夫俱乐部通常会要求上身穿着有领有袖的恤衫，不允许球员穿圆领汗衫、吊带背心、牛仔系列服装、超短裙、过短短裤等过于休闲的服装上场。有些俱乐部还专门规定不允许穿任何式样的短裤下场，有些对短裤的样式和长度有所规定，如不能短于膝盖以上4英寸，所以棉质的休闲长裤总是最佳的选择。至于高尔夫球鞋，目前大部分俱乐部出于保护草坪的需要，规定在球场上只能穿着特制的胶钉球鞋。

四、打球过程中的礼仪

（一）发球台礼仪

发球台礼仪的关键是尊重正在发球的球友，处处为他人着想。对一个想要集中精力开出又远又直的球，或是想一杆击球上果岭的球员来说，任何多余的动作或声响，或者其视线余光中感觉到的任何移动都是无法接受的，这些都有可能导致发球失误。

高尔夫发球区域（Teeingground）严格说来是指后方纵深为两球杆长度，前面和两侧由两个发球区标志限定的范围。在下文中，我们谈到的礼仪则是应用于整个发球台区域。

发球台是每一轮、每个洞打球开始的地方，俗话说："良好的开端等于成功的一半。"如果一上发球台就碰上不合礼仪的行为，整场球或许都会笼罩着不开心和尴尬的气氛，那将是十分扫兴的。

1. 第一洞发球台做的第一件事：互致问候。高尔夫在国际上被称为"绅士运动"，高尔夫球员应时时处处体现出绅士风度。在第一洞发球台开球之前，应主动与同组球友——无论是同伴还是对手——作自我介绍，握手问候，并祝对方好运。当然，在球友开出好球后也别忘了为他喝彩，喊上句"好球！"

2. 发球顺序。如果是平日较随意的打球，在第一洞发球台同组球友可以采用协商的方式来决定开球顺序。如果是男女混合组，并且球员都是使用同一发球台，应该请女士优先发球。

在比较正式的打球或正规比赛，如果事先没有编排分组表，则可以采用抽签的方式，或是按照差点高低，让低差点球员先发球。

很多时候球友喜欢抛球托决定先后次序：四人围成一圈，向空中抛一个球托，使之落在中间，球托尖端指向的球员最先开球，之后再在剩下的球员中重复以上步骤，直到排出第三、第二及最先开球人的顺序。

第一洞之后，其余的发球台应该按照上一洞成绩决定发球顺序，即杆数最低的球员优先击球。

3. 发球台的选用。球场常常提供不同的发球台标志，可以让不同水平的球友同组打球。一组球员使用不同颜色标志的发球台是很常见的，所以每一个球员都应选择适合自己的发球台。

如果你是一个初学者，就应选择离洞较近的发球台。近年建造的球场通常都有五组发球台，以方便各种水平的球员选择。

一般情况下，红色发球台供女球员使用，白色发球台适合一般水平球员，而蓝色发球台以及更靠后的发球台则是给富有经验的高手准备的。刚刚开始打球的男士通常应选择白色发球台。此外，无论从哪个发球台开始发球，击球后离开发球台时别忘了把地上自己用过的球托捡起来。

职业比赛的发球台，由组委会决定，球员没有选择余地。作为业余选手，应根据自己打球的能力和水平来选择。美国PGA推荐球手根据表3–1，选择发球台。

表3–1

平均发球距离 / 码	推荐发球台（根据发球台对应的总球道长度）/码
300	7 150~7 400
275	6 700~6 900
250	6 200~6 400
225	5 800~6 000
200	5 200~5 400

4. 不击球的球手要靠边站立。同组球友轮流发球，每次只允许一个球员在发球区击球，其他人应该站在发球区标识以外靠一侧的地方，最好是在发球球员视线触及不到的位置，以免让其分心。注意不能站在击球球员和球的正后方，这不仅不礼貌，还是违反规则的。

5. 保持安静。尊重同组球友，不要在有人准备发球及击球时交谈，或议论其他人的挥杆，同时还要避免在发球台上整理球包内的球杆。

6. 注意安全。站在发球台准备发球，前面如果有人在球道上或果岭上，一定要等前面的人走出安全距离或走下果岭后，方可开球。

7. 加快打球速度从细微处做起。用心观看同组球友的击球。有时由于阳光照射或其他原因，人们看不清楚自己球的落点。如果你能细心地为其他球员留意球的落点，他们会十分感激。同时，这样做还可以减少遗失球，节省全组的打球时间。

有些球员在发球台击球之后习惯留在原地盯着飞出去的球，即使球落地后也愿不离开，站在发球台上对自己的球喋喋不休、抱怨不止。这种行为会影响到下一个击球的球员。下一个若到你开球，你没有必要等他离开发球区域，事先在手中拿好球座和球，一旦前一位击球完毕就径直走上发球台插球座准备击球。这并不是没有礼貌的行为，相反还能够提醒其他球员不要拖延时间。打高尔夫球不需要赶时间，但是不能耽误同组球友的时间，甚至是下一组球员的时间。

8. 让球车远离发球台。无论是手拉球车还是机动球车都严禁开上发球区域，因为球车轧过发球台后在草坪上留下的车辙印很难修复，会给其他球员带来不便，并给球会造成损失。

9. 修补打痕。如果因为自己的开球，造成发球台上的打痕，请及时添沙抚平。

（二）球道礼仪

球道礼仪主要包含以下方面：

1. 保护草坪。击球伤及草皮时，应立即取回补平或请球童填沙。练习挥杆不伤草皮，以免影响草皮之美观及生长。在球场不乱丢废弃物以保持环境整洁。

2. 注意安全距离。务必等候前一组人已走出你击球可及的距离再打球，以免引发危险。

3. 注意击球顺序。球在球道或果岭上距旗杆最远的人优先击球，球是否上果岭不是决定击球顺序的要素。

4. 保持安静。他人挥杆时不要出声及走动，以免影响击球人的注意力或情绪。

5. 不干涉他人技术。不要批评和评价别人的球技，也不要主动指导别人击球或看推杆路线。

6. 注意找球时间。找球不可超过5分钟。

7. 讲求诚信。高尔夫是诚实的运动，不要作弊，不能偷移球、偷偷放置另一颗球，更不能少记杆数。

8. 注意礼让。后组人数较少或同组速度太慢，则应礼让后组超越先打。

9. 注意打球人员的数量。单独击球的球员并没有优先权，遇比赛时，更不能以人数少要求插队。

10. 注意安全站位。为了避免发生意外，以及影响打球者心情，绝对不要置身打球者的前面。

11. 积极准备打球。别人打球，先选自己的球杆等在球旁作击球准备，避免浪费时间。

12. 迅速找球。失误之后，请尽速带着球杆去找球。

13. 失误球要注意安全。球打到隔壁洞，要先察看是否有人击球，确定安全之后再击球。

14. 失误注意警示。球击出之后，如果球一直向人多处飞去，则应大声喊叫示警，闻者应抱头蹲下。

（三）沙坑礼仪

打完沙坑球应将足印及打痕铺平。下沙坑和离开沙坑时要从离草坪最近的那边进出。

（四）果岭礼仪

1. 果岭应得到悉心呵护。果岭草是球场草皮中最脆弱、最不易维护的区域，所以理应得到悉心呵护。球员在果岭上只能轻柔行走，切忌跑动，同时走动迈步时需将脚抬起，以免因拖曳导致在果岭平坦的表面留下划痕。

旗杆要轻拿轻放，以免伤及果岭及洞杯；离开果岭时旗杆插回洞，再离开，以方便下组人员认清方向及测定距离；果岭上的球痕及鞋钉的踏痕要用修钗细心加以修复。

2. 不要破坏别人的推击线。推球入洞后，不要在洞边手扶推杆握柄，身体倚靠推杆弯身从洞杯中拾球。因为杆头会压迫球洞周边的草皮，导致不规范的球路偏移，将改变球在果岭上原有的滚动状况。在判读果岭或推击线时，要绕过其他球员的推击线，以免因你的脚印破坏他人的推击线。

3. 确保正在推球的同伴不受干扰。当同组球员在推球或准备推球时，你除了不能走动及发出声响以外，还要注意自己的站立位置，应站在推击球员视线之外，同时按规则规定，不能站在推球者推击线向两侧的延长线上。

4. 不要在果岭上停留过久。当最后一位球友将球推入洞后，同组球员应迅速离开，走向下一发球台，如需要通报记录成绩，可以边走边做，不要耽误后面组进攻果岭。

五、高尔夫观赛礼仪

高尔夫是一场极为特殊的运动，它可以让你近距离观察，以至于你都能听见球手与球童、球手之间的对话，就连球手对球童说的“悄悄话”你都可以听到。没有任何一项运动能给你这样的机会，使你轻易地与明星近距离接触。与之对应，在比赛期间，观众不恰当的一言一行都会影响到球手的注意力集中和水平的发挥，最终改写比分。这就是为什么高尔夫会有如此严格的观赛礼仪的原因。

如果你真的有机会去观看高尔夫比赛，那么就必须注意自己的言行举止，做一个合格的比赛观看者。虽然每一场高尔夫比赛对观众的要求并不是完全相同，但是如果你按照下面这些原则来做，那么你将是一位合格的观赛者。

（1）当选手正准备击球和挥杆的时候一定要保持肃静。高尔夫球是一项高雅的休闲运动，观众近距离观赛时，不能大声喧哗、急行猛跑或发出噪音，特别是当“保持安静”的牌子举起时，应严格遵守。不要在高尔夫球场上到处跑，这是在包括奥古斯塔国家高尔夫俱乐部在内的很多球场都严厉禁止的行为。

（2）当球员在做出击球准备或者击球动作的时候，切勿随意走动。在要走动之前一定要仔细观察一下周围的环境，这样才不会在走动的过程中打扰到球员，随意走动可能会严重分散球员的注意力，球员会很感激观众们能够特别重视这个问题的。

（3）等所有球员都完成击球之后，你再走动。当球场所有人都追随某一个球员、超级巨星或是本土选手时，这就是一个非常严重的问题。当他们完成击球之后，有时观众会离开球洞区或者发球区，而不是继续等待同组的球员击完球。请尊重每一个球手，不要在他们正在击球的时候随意走动。

（4）观众要注意自己的手机和照相机。在大多数的高尔夫锦标赛中手机都是禁止使用的。关机或者静音是最好的选择，毕竟观看高尔夫也是一种享受过程，别让其他事情打扰自己。对于照相机，大多数锦标赛也是禁止的，其实原因也是一样，照相机及闪光灯和快门声也会对球员的击球造成严重的干扰。

（5）为避免影响球员的发挥，观众要注意自己的穿着，现场观众必须身穿带领子的上衣，一般无领T恤及露背的背心是不适宜的，同时也不能穿牛仔裤入场；另外为了保护草皮，最好穿运动平底鞋入场。男士穿着有领、有袖恤衫、棉制休闲长裤或及膝短裤，女士穿着有领恤衫、过膝裙装、短裤或长裤。一般要求观众穿着舒适耐磨的休闲鞋，女士一般禁止穿高跟鞋入场。同时应携带保暖、防雨外套，并提前做好防晒保护。高尔夫观众的服饰虽然没有比赛选手那么严格，但是符合高尔夫运动的着装，是高尔夫球运动最基本的礼仪之一。

（6）按照规定，球员在进行比赛时，球道内不允许球迷进入。

（7）如果看到心仪的球星，想要拿到他（她）的签名，请勿在比赛中途找他（她）签名，而是要等球员结束比赛交出计分卡或是赛后去练球时，再请球员签名。在某一些规则更为严格的球场，为了保护球员的安全，在比赛的练习日和比赛日禁止向球员索取签名，要寻求球员的签名只能在俱乐部会所一侧的停车场处进行。

第三节 比赛形式

高尔夫比赛的基本形式有比杆赛和比洞赛，其他的许多比赛形式都是在这两者的基础上发展起来的。

一、比杆赛（Stroke Play）

比赛者均需完成指定回合，总杆数最少者，即为比赛冠军。

计算出每一球洞实际打击杆数，在比赛回合结束时，将各洞杆数总计，称为总杆数。若为无差点的比杆赛，即以总杆数最少者获胜。若为有差点的净杆赛，即以总杆数扣除差点（差杆），以所得的余数（净数）来决定成绩。

一般职业巡回赛、各国公开赛、锦标赛，均采用无差点的总杆赛，均为4天4回合72洞。

俱乐部会员间及一般非职业球友，大都采用有差点的净杆赛来竞赛。

二、逐洞赛/比洞赛（Match Play）

逐洞赛是以每个洞为1单元来定输赢的比赛，每1个洞杆数最少的一方，就是该洞的胜利者。

比赛规定的洞数，一般均为18洞。如果其中一方领先的洞数已超过未打的洞数，则胜负已分，可终止比赛，领先的便是胜利者。

三、其他比赛形式

（一）3人2球赛

按照赛前分组，1人对2人，每一方各打一个球的比赛。比赛形式一般为比洞赛。

（二）4人2球赛

4人分为两队比赛，而且是每队各打1球比赛。同队者轮流打球，一般可自始合用一球，直到将球打进洞为止，在Tee台发球亦要轮流替换开球。比赛形式有比杆赛和比洞赛。

（三）4人4球赛

1. 最佳球位。2人对2人的比赛，每人各打一个球，开球后各队可选择队友或自己较好的球，即同队的两人，均可在同组中第1杆最佳球位置，各打1杆算第2杆。比赛形式有比杆赛和比洞赛。

2. 最好成绩。2人对2人的比赛，每人各打一个球，一洞结束时取两人之间的最好成绩。比赛形式有比杆赛和比洞赛。

（四）新贝利亚比赛

新贝利亚制计算差点方式为PAR3、PAR4、PAR5之球洞各抽取2洞共6洞不计算成绩，其余12洞成绩相加总和，乘以1.5倍，后再减去标准杆（通常为72杆），后再乘以0.8即为差点。

计算公式为：

18洞−抽6洞＝剩12洞

（12洞总杆数×1.5−72标准杆）×0.8＝差点

根据以上的公式，成绩好的被抽掉，留下杆数高打不好的洞，差点越高，名次越好。

为防止有人故意打多杆以获得较高的差点，球洞标准杆PAR3最高杆数以5杆计，即5杆以下照实际成绩计算，5杆以上以最高杆数5杆计。而球洞标准杆PAR4最高杆数以7杆计，球洞标准杆PAR5最高杆数以9杆计，如此差点才不会高得离谱。

新贝利亚制计算差点十分准确，一般用于球队初组成时计算每位队员的差点，但是一般的比赛却容易被低差点者利用，在PAR3或PAR5的球洞因一般球场配置各只有4洞，被抽取的机会达到50%，因此高手会在这8洞尽可能打好，在PAR4的球洞将两、三洞打烂，如此可获得高差点，而得到低净杆和好成绩。

（五）新新贝利亚比赛

为防止高手会在PAR3、PAR5这8洞尽可能打好，在PAR4的球洞故意将两、三洞打烂，如此获得高差点，而得到低净杆和好成绩，因此又发明了新新贝里亚制。新新贝利亚制计算差点是随意抽取6洞，其余之12洞总和乘以1.5倍后减去标准杆（通常为72杆）后再乘以0.8即为差点。

计算公式：

18洞-抽6洞＝剩12洞

（12洞总杆数×1.5-72标准杆）×0.8＝差点

同样为防止有人故意打多杆以获得较高的差点，球洞标准杆PAR3、PAR4、PAR5最高杆数以5、7、9杆计。

（六）史特伯福特（STABLEFORD）比赛（也称定分制）

以标准杆为基准，打PAR得2分，多一杆则少一分，少一杆则多一分，但最少是0分，没有负分，即打柏忌为一分，打双柏忌则没有分，打超标准杆3杆也是零分，待打完18洞再计算总成绩，成绩最高者为冠军。

业余球友则以差点为基准来比赛，即零差点，则各杆不加杆。差点10者，难度第1洞到第10洞可加一杆，即一般PAR3，打PAR得2分，但此洞如为其差点之优待洞，如打3杆PAR，则可得3分。打柏忌得2分，如差点为19，则难度1的加2杆，其余各洞则加1杆，这种比赛方式在国外很多非职业性比赛常采用。

第四节 打球规则

从事任何运动之前，选手均须了解该运动的基本规则。高尔夫运动看重绅士风度的展现，对基本规则的认识更不能等闲视之。本节就高尔夫运动基本规则、比杆赛与比洞赛的差异、各种击球状况的正确判断和处理，以及参加比赛注意事项等加以介绍。

高尔夫运动是一项需要精神集中和技术控制能力的户外运动，选手以14支高尔夫球杆击球入洞，18洞为一轮，杆数最少者为胜，选手的得分为完成所有进程所需的击球次数。

与其他项目不同的是，高尔夫运动的目标是挥杆次数越少，成绩越好。高尔夫运动与其他球类项目不同，很少有固定比赛的场地，赛道也变化多端。比赛的标准杆数往往是72杆，这也是我们所说的一轮比赛，通过4天4轮的比赛来决出胜者。

高尔夫运动运动的总则可概括为：

第一，高尔夫球比赛是依照规则从发球区开始经一次击球或连续击球将球打入洞内。

第二，除按规则行动以外，球员或球童不得有影响球的位置或运动的任何行为。

第三，球员不得商议排除任何规则的应用或免除已被判决的处罚。

一、高尔夫运动基本规则

（一）高尔夫运动最基本的两点规则

高尔夫运动最基本的两点规则是：

第一，参赛者务必在公平的条件下进行比赛。

第二，比赛过程中必须要客观地处理对自己有利的状况。

高尔夫运动的其他各项规则，都是基于以上两点规则制定的。

遵守规则要从自己做起，高尔夫运动规则虽由高尔夫协会制定，但绝大多数情况下仍由选手本身执行实际上的管理。当比赛进行时，每位选手皆负有使比赛公平公正的责任，并且基于公平竞争的精神，每一位选手应要求自己成为一位遵守规则的裁判。

（二）以击球方式将球打进洞

第一，所谓打高尔夫球最基本的方式，就是将一颗球自球台连续打击直至其进洞。简而言之，即由第一杆开始，接着第二杆、第三杆，重复地击球，将球打进洞，除此之外别无他法。若是拿着球移动，或是利用投掷、滚地等方法，都是违反规则的。

第二，待球处于静止状态后才能继续进行比赛。当球被击出后，不论是在何种状态下行进，都应该等到球处于静止状态后才可继续进行比赛，绝对不可触摸或挪动球的位置，亦不能为便于挥杆而改变周围的环境。

二、高尔夫运动规则的内容

高尔夫运动规则的内容繁多，这里只简单介绍以下几种。

（一）礼貌规范

1. 安全。挥杆和打球时都要注意安全，防止伤害事故发生。

2. 为他人着想。要礼让谦虚，不影响别人打球，不拖延时间，当球击入洞后，要立即离开果岭。

3. 按顺序击球。如无特定规则时，两人组比三人组或四人组有优先权，并可超越前组。若一个组的比赛进行得太慢，并落后前面一组一洞以上，则应让后面一组超越。

4. 比赛场地的维护。沙坑击球完成后，球手需要耙平沙面留下的脚印和打痕。在球道区和果岭推杆完成后，修补产生的球痕和由于球鞋产生的草坪损伤。球手在果岭上移动旗杆、放置球包、从洞中取球时，要谨慎操作，以免破坏球洞和损伤果岭草坪。球手在开车打球或手拉推车打球时，要遵守球场内指示牌所指定的行车线路。

（二）发球区规则

1. 比赛迟到。如果迟到不足5分钟，要加罚两杆（+2杆）。若超过了5分钟，就要被判为失格，即没有资格参赛了。

2. 击球顺序。出发顺序可以按竞赛委员会规定的顺序，也可抽签、猜拳或按年龄大小决定由谁先发球。

3. 比赛指导。对大家都知道的事实，如沙坑、旗杆的位置等是可以问的；但若你问同伴使用的是几号杆，则要被判罚两杆；同伴若回答了，同样也要被罚。

4. 球从球座上滑落。往球座上放球，球从球座上掉下或是在准备击球时杆头不小心碰到球使球落下，可以把球重新放回球座而不受罚。但如果正式挥杆而没打到球，不管球是否移动，均应算做一杆。若空挥时使球从球座上落下，也只能在原位打第二杆了。如果把打落的球重新放在球座上，那么再打就是第三杆了。

5. 球出界。如果球飞出界外，必须向同组比赛者说明，再在上一次击球处打一个暂定球，被判罚一杆。要重新打时，应等待大家都打完之后再打。在发球区击球出界，那么补打的这一杆就是第三杆了。发球时，球必须放在发球区以内，再击时仍需球座。

（三）球道规则

1. 击球顺序。在球道中，应由距离球洞较远的人先打。

2. 错球。比赛中如把别人的球误认为自己的球而打了，要被罚两杆。而自己的球被局外人动了，这不受罚，但必须把球放回原位。

3. 球损坏。在确认自己的球损坏时，可以向同伴说明后换球；如果没有说就换球，则要罚一杆；如果偷偷摸摸地换球，则罚两杆。

4. 无法打球。球打到树根旁，没有办法打时，可以向同伴说明罚一杆，把球拿出，在远离球洞的方向，在以两杆为半径的范围内抛球。球停在道路上或修理地上时，可以在远离球洞的方向，在一杆以内的位置抛球，但不受罚。

5. 临时积水。球落在临时水域时，可从水中取出置于无水的地面；如在其中丢失则换一新球，并从尽量靠近临时水域中球位的无水地点击出，不判罚。此规定亦适用于靠近临时水域的球位。

6. 触球。比赛时不允许身体任何部位触球。换球时可能触到球，只要不使球位移动，不把球碰下球座就不罚杆。为了辨认是否是自己的球，可将球拾起，但需放回原位。

7. 抛球。指球丢失后用暂定球确定球位的方法。根据规则，应让球自由落下。具体做法是：面向球洞方向站立，一只手持球伸向水平方向，与肩等高，然后张开持球之手，使球落地。如果由其他人或其他形式落地又不按规则纠正错误，球手要被判罚一杆。如球落地前后碰到球手或同伴、球童及其器材，则需重新抛球，不罚杆。

8. 移动球。球打到高草区时，为了确认是不是自己的球去摸草是可以的，但若移动了球，则罚一杆。

9. 球遗失。在5分钟内找不到球则视为球遗失。重新打一个球时，要回到原位去打，并加罚一杆。

10. 折断树枝。在打球时折断树枝或空挥时弄断树枝，都要罚两杆。

11. 击中球车。球打在自己的推车或球袋上，要罚两杆。

12. 击中人。比赛中球击中自己、同伴或球童时，要罚两杆。

13. 连击球。球杆在击球时，两次碰到球，即为连击，应算两杆。

（四）障碍区规则

1. 球进入沙坑。在沙坑中，准备打球时球杆碰到了沙子要罚两杆。

2. 球进入水障碍区。此种情形中，要罚一杆，然后在进水切点的水障碍区外面抛球。当然，如果你认为在水中可以打则不受罚，但在准备时球杆不得触及水面或水障碍区的物体，否则要被罚两杆。在发球区将球击入水障碍区时，允许在球座上再放一球重新击球，应算第3杆。

（五）果岭规则

1. 擦拭球。球打上果岭，可以把球拿起来擦。但拿起球之前，必须做好标记，如果没有做标记，要罚一杆。

2. 拔旗杆。一组选手的球都打上果岭后，才可以拔掉旗杆。

3. 拿起球。在果岭上，谁的球离洞远谁先打，其他球（特别是妨碍打球人的球）应做上标记，把球拿起。

4. 散置障碍物。在果岭上，推击线上有树叶可以拿走，如果在推击线上有钉鞋的印痕，则不能去整理。

5. 运动中球。别人推的球还在动时，你就做动作打自己的球算犯规，要罚两杆。

6. 击球入洞。在正规比杆赛中，每一洞都必须击球入洞（即使同伴已经承认你下一杆一定能将球击入洞内也不行），否则即失去参赛资格。

7. 球碰球。从果岭外面打球上果岭时，碰上了本来就停在果岭上的球，要把被碰到的球放回原位（但若两个人的球都在果岭上，被打到球的人要被罚两杆）。

8. 误击入洞。比赛时，如误将别人的球击入洞，要被罚两杆，别人的球不算入洞，需从洞中取出，放回原位。

三、事先了解参赛条件

每位参赛者必须于赛前了解球场规定的比赛条件：

（1）比赛的正确时间。

（2）各组成员的编排。

（3）自己被认可的差点。

（4）第一洞是一号或十号。

（5）比赛当天当地的规则。

四、球杆数限 14 支

在正规的竞赛中，每位选手只能携带14支以内的球杆参赛，球杆若少于14支时可补充到14支。比赛中可更换损坏或不堪使用的球杆，但以不耽误比赛为原则，而且不论补充或更换球杆，皆不得向球场上任何一位参赛者借用。球杆一旦借出后，直至比赛终止，借出的球杆将供借用者使用，借出的一方不得取回重新使用。

五、关于球的位置的有关规定

球的位置是所有比赛规则的一个基本出发点。为了保证自己对比赛规则有充分的了解，避免因犯规而失利，一定要记住以下有关规定：

（1）当整个球处在界外时，球为出界，判断标准是界线柱最内侧的点在地面上的连线，或有些情况下为边界线。

（2）当球的任何部分接触到水障区标记线时，球就是处于水障区了，要记住标志柱本身也是水障区的一部分。

（3）当球的任何部分接触到果岭时，球就是位于球洞区了。如果球在果岭边缘，有一部分突出于果岭之外，则不能算是在球洞区。

（4）如果球的任何部分位于发球区内，则应视为在发球区内架球。发球区是一个长方形的区域，宽度为两个球杆的长度，前面和侧面由发球区标记的外界限来决定。

第五节　当地规则

在与高尔夫规则的有关方针不相矛盾的前提下，委员会可以就当地的异常状况制定当地规则。如果当地异常情况造成的妨碍影响正常打球，委员会认为需要对规则进行修改时，则必须获得中国高尔夫球协会的批准。

当地规则主要包括以下几方面。

一、标示界和界线

标示界和界线是明确说明界外、障碍区、水障碍区、侧面水障碍区、整修地、妨碍物和球场不可分割部分的标示方法。

二、水障碍区

水障碍区的当地规则包括：

1. 侧面水障碍区，说明可作为侧面水障碍区的部分的状况。

2. 暂定球。当球可能进入了如果找不到初始球则有明显的证据证明球是在水障碍区内，而判定球是否进入水障碍区较为困难或要判定此事可能会导致不正当延误时，允许按照规则打暂定球。要按照规则任何适用的选择和任何适用的当地规则暂时性地打该球。在该场合，如果打了暂定球而初始球位于水障碍区内，球员可以在现状态下打初始球或继续打暂定球使其成为使用中球，但是他不可以按照规则有关初始球的规定采取处置程序。

三、需要保护的球场区域（准环境保护区域）

需要保护的球场区域包括有草苗圃、幼林地和球场内其他栽培用地等区域标定为禁止在其中打球的“整修地”，这些区域有助于球场的保护。当委员会要求禁止在位于球场内或与球场相邻的准环境保护区域内打球时，委员会须制定当地规则说明补救的处置程序。

四、临时性状况——泥泞、过度潮湿、恶劣状况和球场保护

具体又分为下述状况：

1. 拿起陷入地面的球，擦拭。为保证在球洞区通道上位于包括泥泞、过度潮湿的妨碍正常打球的临时状况的任何地方陷入地面的球可以接受补救，允许在球洞区通道上或球洞区通道上的短草区域的任何地方拿起、擦拭和放置球。

2. “选移球位”和“冬季规则”。球场的恶劣环境或泥泞等不利状况时有发生，冬季尤其如此。因此，委员会可以通过临时的当地规则提供补救，以保护球场或利于公正愉悦地打球。当然，这种当地规则必须在状况许可时尽快撤销。

五、妨碍物

对妨碍物的说明包括下述内容：

1. 总则。说明可能是妨碍物的物体的状况。宣布属于球场不可分割部分因而不是妨碍物的任何建筑物，如特别建造的发球区侧面、球洞区侧面和沙坑侧面。

2. 沙坑中的石块。宣布沙坑中的石块为“可移动妨碍物”而允许将其去除。

3. 道路和通道。

（1）宣布道路和通道的人工表面和侧面为球场整体的一部分。

（2）可能对打球造成不正常影响的没有人工表面和侧面的道路及通道，

提供规则所规定的补救形式。

4. 球洞区附近的不可移动妨碍物。规定当不可移动妨碍物位于球洞区上或距球洞区两球杆范围内，而球位于距该妨碍物两球杆范围以内的地方时，对该妨碍物造成的妨碍如何进行补救。

5. 幼树的保护。规定为保护幼树提供的补救。

6. 临时妨碍物。规定对临时妨碍物（如观众看台、电视缆线和设备等）造成的妨碍提供的补救。

六、抛球区（抛球）

当不适宜或不可能确切地按照规则对球采取处置程序时，须确定可以或必须抛球的特定区域。

第四章

高尔夫基本技术

第一节 握 杆

高尔夫球杆的握杆方法是高尔夫球基本动作中最基本的环节，握杆方法对于挥杆节奏、杆头速度、球杆的控制以及挥杆的整个过程产生至关重要的影响。

握杆的方法决定了挥杆的形态，如果发现挥杆的动作不正确，那么首先要检查的就是握杆的方法是否正确，正确的握杆方法是击球距离与方向的保障。

双手是唯一和球杆连接的部位，每个人依据手的大小、力量的强弱，选择适合自己的握杆方法，养成良好的握杆习惯，是取得好成绩的开始。

一、正确握杆的三个原则

（一）握杆力度适当

美国著名高尔夫球手桑姆·史立德对“力度适当”的描述是：就像双手握住一只小鸟，不能让它飞走也不能捏死它的力度就是正好。如果你将握杆的力度分为0～10，那么3～5的力度就是你比较理想的握杆力度。握杆太紧会导致手臂肌肉紧张、握杆太松手臂无法用力，这些都会使挥杆和击球的动作变形，影响技术动作的质量。

如果握杆不正确，当你上杆到顶点时，球杆会失去控制，下杆击球时无法将全身的力量传递到杆头上去，击出的球没有距离，方向也很难控制。

（二）舒适的一体感

双手握好球杆后十指要有连成一体而又舒适的感觉，这种感觉对于控制球杆十分重要。

（三）握杆强弱适度

弱势握杆击球，杆面仰角加大呈开放状态使球的飞行路线发生右曲。强势握杆击球，杆面仰角减小甚至会使杆面关闭使球的飞行路线发生左曲。握杆太过强势或太过弱势都会使球的飞行路线脱离预期路线，是影响高尔夫运动成绩的主要因素之一。

正确而优雅的握杆就是自然握杆，瞄球时的握杆与击球时的握杆要求是一样的。这里要着重强调的是：要掌握正确的握杆姿态就需要通过大量的练习来实践，经常下场打球并且频繁地在练习场练球是必不可少的。正确握杆的三个原则要在多次练习中反复体会方能得心应手、运用自如。

握杆不要太用力，要放松。握得过松，无法用力；握得过紧，手腕肌肉僵硬动作变形。

二、正确握杆的三种方法

（一）互锁式握杆（图 4-1-1）

方法是将位于握把上方的左手食指插入下方右手的无名指和小指之间，然后与小指绞索在一起。

图4-1-1

互锁式握法中要注意的是左手食指与右手小指互锁的不要太深，否则双手的角度就会发生变化，无法自如地控制球杆。一般这种握法适合手指较短的人。

若想有比较好的击球感觉，可以采用互锁式握法。在对距离和方向要求较高的时候（比如在球洞区边缘做短切时），击球感觉（距离感和方向感）是极为重要的。

（二）十指式握杆或称棒球式握杆（图 4-1-2）

这是一种较为古老的握法，目前较少见到采用这种握法的选手。方法是十指自然地握住握把。对于手腕及手臂力量不足的人，十指握杆能有效地增加挥杆稳定性。该握法的缺点是不利于双手连成一体集中用力，手腕紧张不利释放杆头速度。这种握法尤其适合比较缺乏力量的球员，诸如女球员、少年或力量较弱的男士们采用。

如果想打出落地滚动球，采用这种握法是很好的选择，可以利用杆头的趾部增加球的左旋进而增加球的滚动距离。

（三）瓦顿重叠式（或称重叠式）握杆（图 4–1–3）

这是将位于下方的右手小指搭在位于上方的左手食指与中指之间的指沟上或者直接搭放在左手的食指上面的握法。

这是最为经典的握法，也是目前最为广泛应用的握法。这种握法可以使得双手和双臂形成一体，平衡协调发力和用力的感觉，有利于控制球杆、控制球的飞行路线。打球时绝大部分挥杆都采用这种握法，因为这种握法具有比较好的稳定性。

图4–1–2

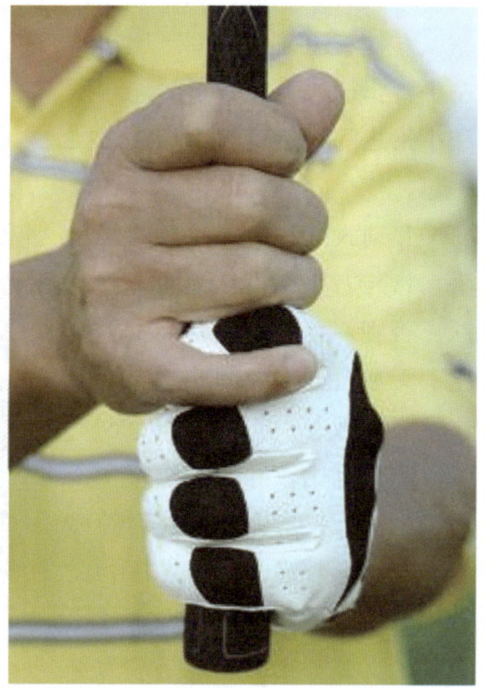

图4–1–3

三、握杆的三种态势

本书所讲的握杆态势是针对右手选手以左手握杆的姿势和位置而进行定

义的。

（一）标准握杆

双手平行握杆，左手手背方向与目标线平行，从上往下看，可以看见左手的食指和中指两个指关节，左手拇指在握把的中间，这是方正击球的握法。标准握杆和平行站位是挥杆动作的原则（图4–1–4）。

（二）强势握杆

这种握法打出左曲球，也是目前较为常见的握法。与标准握杆相比，这种握法左手位置偏右握，从上往下看可以看见左手食指、中指、无名指三个指关节。强势握杆击球比较强劲有力，杆面仰角减小杆面关闭，球的飞行路线发生左曲（图4–1–5）。

（三）弱势握杆

这种握法打出右曲球。使用这种握法左手位置偏向握把下方，同标准握法相比左手位置偏左握，从上往下看可以看见左手食指一个指关节。弱势握杆击球，杆面仰角加大呈开放状态，使球的飞行路线发生右曲（图4–1–6）。

无论使用哪一种方式握杆，都要尽量减小两手之间的缝隙，使其成为一个整体。

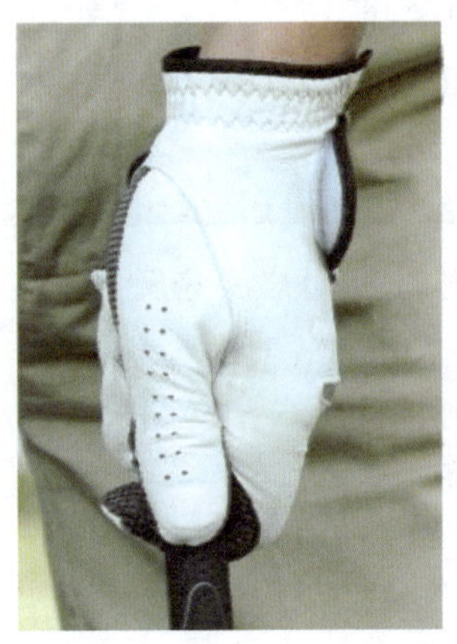
图4–1–4

图4–1–5

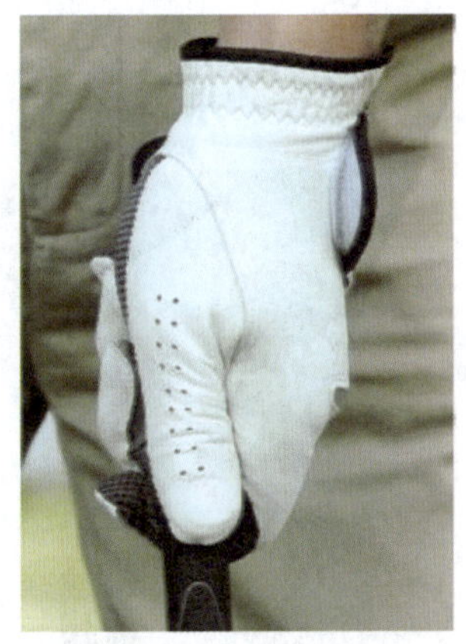
图4–1–6

四、握杆一般步骤（以右手球手为例）

◇ 从握把最上端起向下2厘米处开始握杆，将球杆斜过左手掌，范围从食指第二关节至小指根部下方（图4–1–7，图4–1–8）。

图4-1-7

图4-1-8

◇ 左手拇指对准球杆商标置于接近杆身的握把端，手掌根部的肉垫顶住握把底端，其余手指依次握紧，自然握住球杆，中指、无名指指尖触及大鱼际，食指第二指节钩住球杆，拇指正对杆面并比食指突出一个关节（图4-1-9）。

图4-1-9

·握杆时双手与球杆间应紧密无缝隙且握杆牢固。

·无论采用任何方式握杆，双手都应紧密结合且有整体感。

·左手的拇指和食指要形成V字形。

·养成握杆牢固适度有力的习惯。

◇ 右手掌心与左手掌心相对（图4–1–10），用手指握杆，右手拇指球完全包裹住左手拇指，指尖稍偏左指向杆面（图4–1–11）。

a 正面

b 侧面

c 侧面

图4–1–10

◇食指、中指、无名指均以第二指握住杆把，右手拇指和食指要有扣住的感觉（图4–1–11）。

a 正面

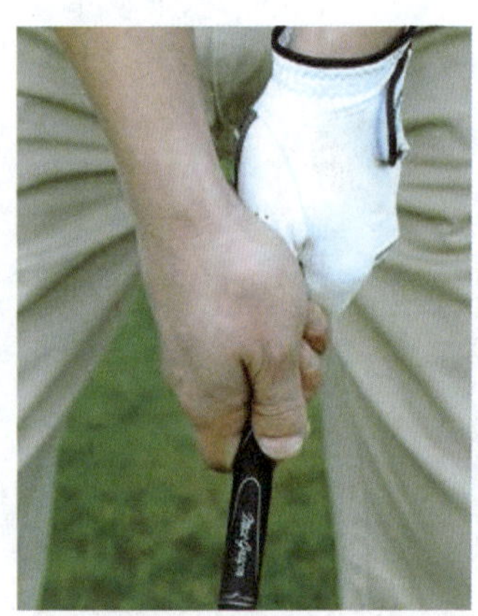

b 侧面

图4–1–11

如何知道哪种握杆方式适合你自己？

直立双肩自然下垂，观察双手掌面方向，掌面的方向朝向身体一侧采用标准握杆；朝向身体后侧，采用强势握杆；朝向身体前方，采用弱势握杆。

第二节　击球准备

击球准备，是高尔夫运动最为基本和最为重要的一环，正确掌握击球准备是完成优美挥杆的基本保证。

正确的击球准备，站姿看上去要比较自然，找好重心平衡以便保证挥杆时身体的稳定性。站位是击球准备的第一个动作，击球出现失误，多数是由于站位错误造成的。瞄准就是设定目标并在目标与球位之间设定假想的目标线，使身体的各部位平行于目标线站立，然后将杆面与目标线垂直，身体平行于目标线对准目标的过程。

一、站姿

图4-2-1

正确站姿的作用，是在挥杆的过程中为身体取得良好的平衡，由下肢提供稳定支撑带动躯干平稳转动，使身体各部位协调用力，让释放出来的力量流畅自如。

◇使用不同的球杆双脚的宽度不同。使用1号木杆双脚内侧的宽度与肩同宽，双脚分开的宽度随着球杆杆号的增加而变窄。

◇双膝微屈，自髋部以上上体稍前倾，背部自然挺直，收腹提臀。膝盖投影点在脚掌上稍偏前，肩膀投影点在脚尖的正上方（图4-2-1）。

◇双臂双肩自然放松，双臂伸直，双手按自己适合的方式握杆，双肘指向臀部两侧，双肩双臂保持三角

双脚站好位置时，左脚的角度决定击球的质量。双脚分开的宽度是根据球杆的种类不同而略有不同。

形（图4–2–2）。

◇左肩稍高于右肩，头部稍偏向右侧，使左耳对准球（图4–2–3）。

图4–2–2

图4–2–3

二、站位

站位是指在挥杆前，身体各部位为了击球而做的准备姿态。可以归纳为：采用正确的握杆姿势、双脚固定位置、杆头着地、挥杆准备的姿态。

选手找准站姿，杆头着地，就可以认定已经站位。但是在障碍区内，因为站位时球杆不许碰到障碍区内的任何物体，所以只要找准站姿，就可以认定为已经站位。在球洞区推球时，选手将先推杆放在球的前方，然后再挪回球的后方然后推球。这时，以选手将推杆放在球的前方时认定为已经站位。

可以说，站位是选手思考然后击球的最后机会。

（一）双脚的位置

◇双脚宽度因杆而异：使用1号木杆时，双脚内侧与肩同宽，球杆越短双脚宽度越窄。适当的双脚宽度有利于身体的转动及稳定性，更有助于力量的发挥。

◇脚尖方向因人而异：左脚尖向外打开20°~30°，右脚尖与目标线垂直或微开。如果你的柔韧性较好，左脚尖打开角度应稍小，以便获得更好的支撑；如果你能很好地控制球杆，你的右脚尖可以打开角度大些，以便获得更大的上杆幅度。

（二）重心分布

◇ 使用中铁杆时，重心在两脚中间（图4–2–4）。

◇ 使用木杆和长铁杆时，重心60%在右脚上（图4–2–5）。

◇ 使用短铁杆时，重心60%在左脚上（图4–2–6）。

图4–2–4

图4–2–5

图4–2–6

（三）站位的种类

不同的站位挥杆路径也不同，按照双脚连线与目标线所呈的夹角，站位可以分为平行式站位、开放式站位和关闭式站位。

1. 平行式站位（图 4–2–7）。双脚连线与目标线平行。挥杆的路径为由内而内，能够打出直行球，这种站位最为适合初学者。

2. 开放式站位（图 4–2–8）。右脚在前，左脚略微在后。挥杆的路径为由外而内，杆面呈开放状态，击球距离缩短，容易打出右曲球。这种站位的优点是方向性好，多在不追求距离而强调方向的中短距离击球时采用。较其他站位而言，开放式站位身体转动和送杆相对容易，初学者应多采用这种站位开始练习。

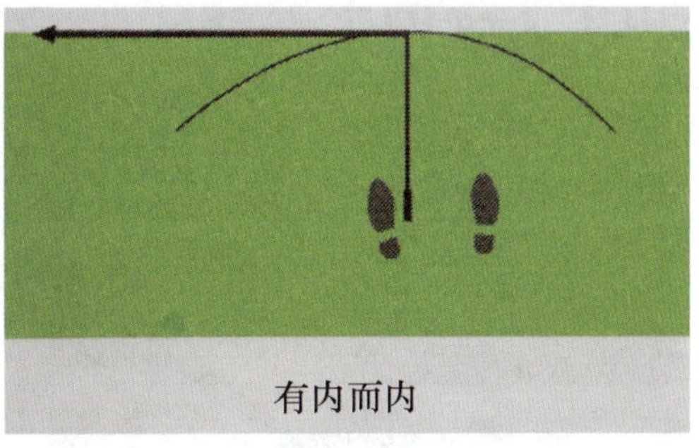

图4-2-7

3. 关闭式站位（图 4-2-9）。左脚在前，右脚略微在后。挥杆的路径为由内而外，杆面呈关闭状态，击球距离增加，容易打出左曲球。这种站位不利身体转动和送杆。

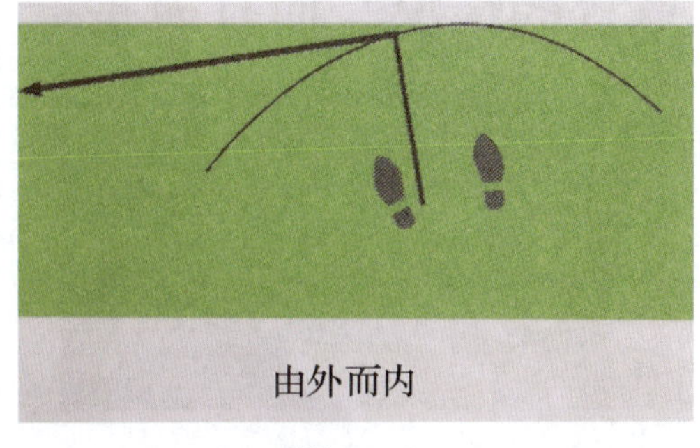

图4-2-8

三、球杆与身体的距离

在击球准备时，球杆越短杆尾离身体的距离就越近。要确定身体与球杆的距离是否合适，可以在做好击球准备动作后，右手放开握把，握拳测试杆尾与大腿间的空隙。如果能通过1~2个拳宽，表示球杆与身体的距离合适。除了短切杆和推杆，1号木杆两个拳宽、铁杆一个拳宽的距离较为合适。要注意的是，杆尾始终指向自己的腹部中央的位置（图4-2-10）。

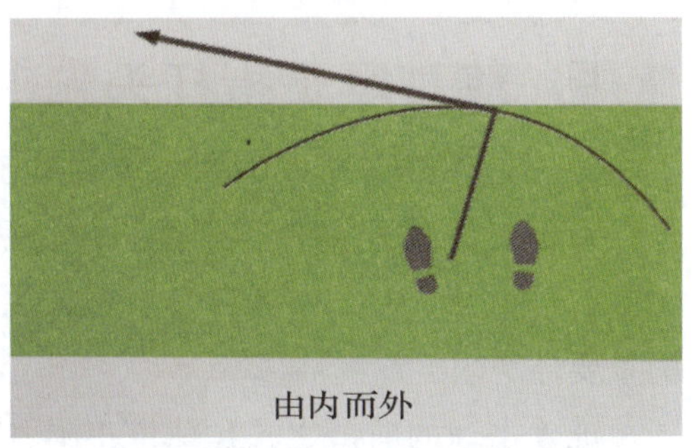

图4-2-9

球杆与身体的距离过窄，挥杆动作不能舒展自如；过宽则给人以手臂与身体分离的感觉，同时转体产生的挥杆加速度在击球的瞬间也不能充分地传递到杆头。

检查球杆与自己身体的关系是否正确的简单方法是：左手持杆，保持好身体姿势后，右手握拳，杆尾距身体一拳。适用该方法时，短杆可稍近，长杆可稍远（图4-2-11）。

图4-2-10

图4-2-11

四、球位

球位是指根据球杆不同将球放置于双脚之间的不同位置。球位的选择直接影响挥杆路径和挥杆平面。球位的选择与球员的握杆方式、个体特征（高、矮、胖、瘦）及挥杆类型等有关，是击球准备中与握杆具有同等意义的重要环节。

准确击球的前提之一是球位正确，在挥杆过程中杆头的运行轨迹是一个圆形轨迹，此时左臂应完全舒展且与球杆成一条直线，通过身体旋转利用球杆画出弧线，球杆的杆头与球的交点应该是这个圆弧的最低点。球位的选择决定球杆杆头能否在杆面关闭时经过圆弧的最低点，并准确击球。

下面介绍两种现代高尔夫球位的确定方法——杰克·尼克劳斯球位和本·霍根球位。

1. 杰克·尼克劳斯球位（图4-2-12）。杰克·尼克劳斯球位是指左脚保持固定，右脚随球杆号数的递减向右移动来确定球位的方法。球杆号数越小，右脚向后移动的距离越大，采用的是封闭式站姿。球杆号数越大，右脚

越向前移，采用的是开放式站姿。

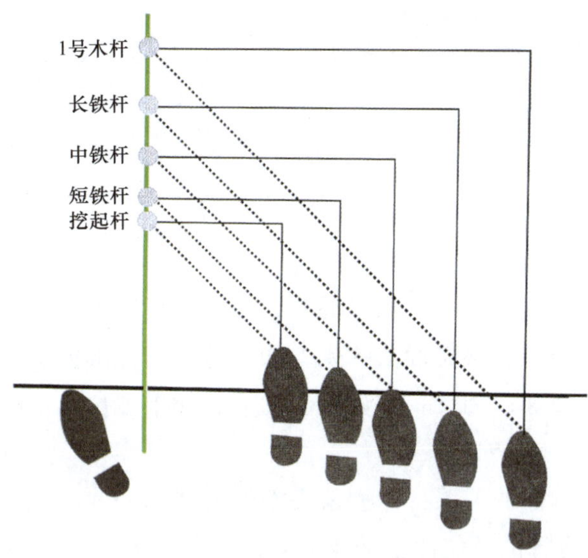

图4–2–12　杰克·尼克劳斯球位

2. 本·霍根球位（图4–2–13）。本·霍根球位是根据球杆的不同，以双脚中央为基准向左右稍作调整来确定球位的方法。在保持挥杆动作不变的同时根据杆身的长短以及杆面倾角的不同，击打出不同的距离和飞行路线。球杆越短，球位越靠右。由于短杆的杆面倾角较大且构造不同，球位适当向右移动是完美击球的保证。

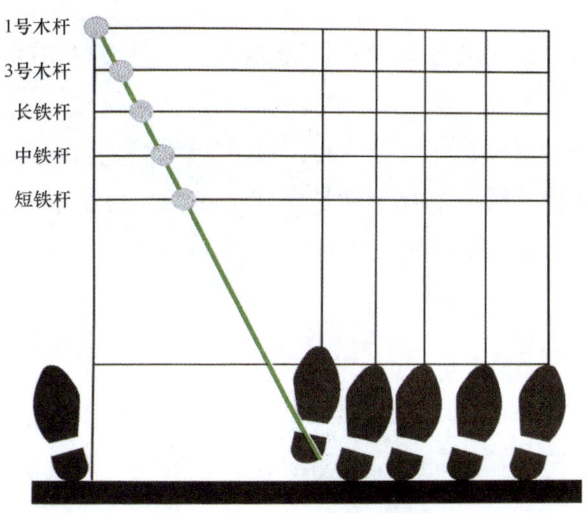

图4–2–13　本·霍根球位

是否对准目标的确认方法：
第一，双脚脚尖连线、双肩连线及双膝是否与目标线平行。
第二，臀部不能倾斜。
第三，双眼连线也要与目标线平行。
第四，核对球位前方、目标线上约1米处的目标替代点。

球位与握杆方式的关系：强势握法，球位比标准握法偏右；弱势握法，球位比标准握法偏左。强势握法的人，如果球位与标准握法的球位相同或偏左，打出的是左曲球；相反，弱势握法的人，如果球位与标准握法的球位相同或偏右，打出的是右曲球。

球位与个体特征的关系：体型偏高瘦的人选择的球位比正常球位偏左；体型偏矮胖的人选择的球位比正常球位偏右。

球位与挥杆路径的关系：球位不同挥杆路径也要发生改变：改变右曲球的方法是将球位向右调整；同样，如果左曲球严重，将球向左调整可以减少左曲球的发生以提高击球的准确性。

五、球位在实战中的应用

依挥杆的最低点摆球，使球杆能以适当的角度迫近球，从而获得理想的挥杆平面。

◇ 打短铁杆，将球置于两脚中间稍靠右，双手大约与球齐或稍在杆面前（图4–2–14）。

◇ 打中铁杆，将球置于两脚中间，双手大约与球齐（图4–2–15）。

◇ 打球道木杆（图4–2–16）和长铁杆（图4–2–17)，将球置于两脚中间稍靠左，双手大约与球齐或稍在杆面后。

图4-2-14

图4-2-15

图4-2-16

图4-2-17

◇ 打1号木杆，将球置于左脚跟内侧，双手在杆面的后方（图4–2–18）。

图4–2–18

球位有两个层面的内容：相对站位的前后和相对身体的远近。

以身体中心线为基准，左为前，右为后。

身体形态和选杆决定远近。

六、瞄准

距离和方向是决定高尔夫成绩的两大重要因素，其中方向尤为重要。这里我们主要介绍目标线、杆面瞄准和身体对准。

（一）目标线

首先在确定的目标（如旗杆）的上方寻找一个比较大的参照物，可以是树木或山峰等，然后在参照物与球位之间再找一个目标的替代点，如打球留下的草痕或是一片落叶，一般是在球位前方约1米处。参照物、目标替代点和球位之间三点连线，这条连线就是目标线（图4–2–19）。

打直飞球时，可以把瞄准线想象成铁轨。铁轨的外侧是杆面和球的位置，身体的部位处在铁轨的内侧。

身体对准的是与目标平行的点位。

图4-2-19

（二）杆面瞄准

图4-2-20

双眼沿着目标线看出，感觉杆面在球的正后方，杆面的线槽与目标线垂直（图 4-2-20）。这个过程的关键点是先杆面瞄准而后再站位。

（三）身体对准

杆面瞄准之后进行身体对准。身体对准的过程是将身体保持方正，双肩、双膝、双脚的连线与目标线平行（图4-2-21）。

图4-2-21

杆面对准的步骤：

第一步：右手握杆，站在目标线的延长线上，眼睛朝目标上下瞄准，在前方约30厘米处沿目标线找出一个目标替代点。

第二步：把球杆置于球的后面，边瞄准边做调整，直到认为杆面对准了目标替代点为止。

第三节 挥 杆

挥杆是指挥动高尔夫球杆，击打静止于地面的高尔夫球的过程。挥杆的功能是实现球向目标的远距离飞越，良好的挥杆动作是使球获得正确飞行方向和理想飞行距离的保证。挥杆的使用区域是在发球区和球道区。

挥杆使用两种杆型：木杆和铁杆。木杆的用途是要将球击打到尽可能远的距离，适合在发球台和长距离击球时使用；铁杆所追求的是准确性，早期铁杆是为解决疑难球位而设计的杆型，随着高尔夫运动的沿革，铁杆逐渐演变成在追求准确度时特别是在攻击球洞区时所必备的杆型。

通常木杆组有5支——1号、3号、4号、5号和7号，习惯上称为1号木、3号木等。铁杆组由1至9号的铁杆和劈起杆、A杆、沙坑杆、高吊杆组成，其中

1至4号四只铁杆又称为长铁杆，5至7号三只铁杆又称为中铁杆，8至9号两只又称为短铁杆，习惯上也称为7号铁、9号铁等。

挥杆是一组连续动作，可以分解描述为：引杆、上杆、下杆、冲击球、送杆、收杆，见图4–3–14–5。

挥杆时身体带动双臂及球杆运动，在杆头通过球位的瞬间，杆头的速度达到最大，实现对球的有力冲击。击球蕴涵在挥杆过程中，是这组连续动作中的一个环节，整个挥杆过程的终极目的就是对球进行有力冲击，将球送向目标。

在这一节里我们介绍影响挥杆过程的六个要素和挥杆过程。

一、挥杆过程的六个要素

（一）挥杆平面

挥杆平面（图4–3–1）是在挥杆过程中杆身运动所形成的假想平面，用以描述球杆挥动的路径和角度。从挥杆启动到结束，球杆围绕球手转动所画出的弧线和路径形成了挥杆动作的平面。

图4–3–1

挥杆平面的陡峭或扁平，是相对于挥杆平面与地面的夹角而言。球手的身高、站姿，杆身的长度和仰角不同挥杆平面也因人而异和因杆而异。个高的人挥出的挥杆平面比较陡峭，个矮的人挥出的挥杆平面相对扁平。杆身越长挥杆平面越扁平，杆身越短挥杆平面越陡峭。

较为扁平的挥杆平面倾向于从目标线内侧击球，打出的是左曲球；较为陡峭的挥杆平面倾向于沿目标线击球，击出直飞球，但有时也会导致从目标线外侧击球，打出的是右曲球。

对于挥杆平面是否良好的判断是：上杆顶点时，若左前臂处于右耳和左肩中间，挥杆平面较好；在收杆阶段，若右前臂处于左耳和右肩中间，那么整个挥杆就较好地保持在挥杆平面之中。

（二）杆面状态

击球时可能存在三种杆面状态，在击球瞬间，杆面状态决定了球的飞行路线。

1. 杆面方正。垂直于挥杆平面的杆面状态，球的飞行路线与目标线平行。

2. 杆面开放。对着挥杆平面右侧的杆面状态，下杆轨迹从外至内。在这种状态下击球，如果杆面与目标线保持方正或者略微开放，球除了获得向前方飞行的受力以外，同时也获得了右侧旋的力量，球会先飞向左侧，最后会因为右侧旋而飞往右侧。如果杆面开放得比较厉害，那么球飞行到最后会因为右侧旋而偏向右侧的角度更大，形成一种右曲球。

3. 杆面关闭。对着挥杆平面左侧的杆面状态，下杆轨迹从内至外。在这种状态下击球，如果杆面与目标线保持方正或者略微关闭，球除了获得向前方飞行的受力以外，同时也获得了左侧旋的力量，球会先飞向右侧，最后会因为左侧旋而飞往左侧。如果杆面关闭得比较厉害，那么球飞行到最后会因为左侧旋而偏向左侧的角度更大，形成一种左曲球。

（三）方正击球

在击球瞬间杆面垂直于挥杆平面，用杆头正中点即甜蜜点（sweet-point）将球击中称之为方正击球（图4-3-2、图4-3-3）。方正击球是使球获得正确飞行方向和尽可能理想飞行距离的关键环节，击球点（point）的偏差越大，方向和距离偏差就越大。

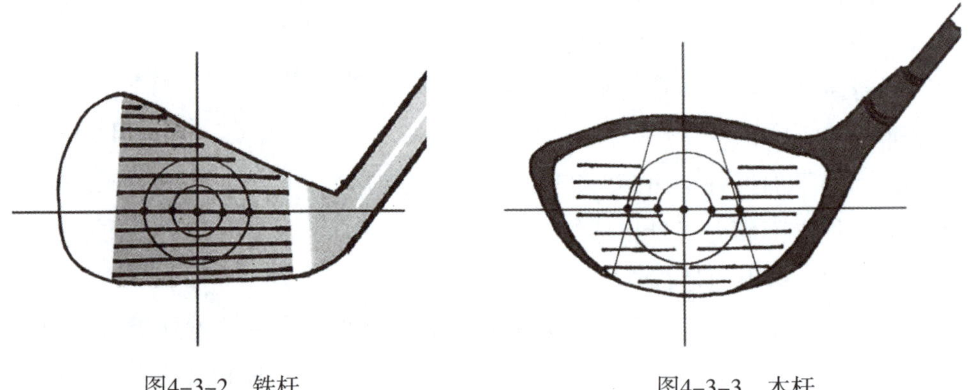

图4-3-2　铁杆　　　　图4-3-3　木杆

击球时杆面是否方正主要由以下四个因素决定：

1. 握杆强弱：强势握杆击球时杆面关闭，弱势握杆击球时杆面开放，只有正确的中性握杆才能在击球时保持杆面方正。

2. 球位：以1号木杆开球为例。正确的击球动作是左臂与球杆在一条直线上，从正面看与地面垂直，也就是说左肩头、手、杆头要三点成一线。如果球位过左，击球时手会落后导致杆面向左关闭，球飞向左边。如果球位过右，击球时左肩和手超过杆头，杆面会向右开放，球飞向右边。因此选择正确的球位非常重要。

3. 重心转移：正确的重心转移是上杆时重心移到右侧，下杆时和击球时重心则转移到左侧。左移位置要精确，刚好使左肩、手、杆头三点成一条直线，保持杆面方正。如果击球时重心过左，左肩和手会超越杆头使杆面开放形成右曲球。如果击球时重心过右，左肩和手会落后杆头使杆面关闭形成左曲球。

4. 挥杆节奏：正确的下杆节奏应该是，下杆开始时要慢，然后逐渐加速，击球时杆头速度最大，并使手与杆头同步达到击球位置。如果转身太快，击球时杆头会落后，杆面开放；如果转身太慢，击球时杆头会超越双手，使杆面关闭。然而，使用铁杆击球时，要让双手在杆头前面，以便向下击球，即先击球再铲草。

以上无论哪一项错误，都很难保持杆面方正，导致球的落点偏离目标。

（四）击球角度

挥杆击球时，杆头形成的轨迹与地面形成一个角度称为击球角度，三种理想的击球状况是：杆头向下运行时击球；杆头轨迹与地面平行时击球；杆头从最低点向上运行时击球。

图4-3-4

1. 使用中、短铁杆时采用杆头向下运行击球（图 4-3-4），杆头在到达挥杆平面最低点即下杆底点之前击球，向下挥杆击球使球杆的有效倾角变小，球产生后旋，且弹道变高。在攻果岭时更多地使用中、短铁杆，为的是产生理想的弹道，并能落地停球。

2. 使用长铁杆、球道木杆时采用杆头轨迹与地面平行击球（图4–3–5），杆头在挥杆平面的最低点击球，此时的杆面正对球位，击出球的弹道完全取决于杆面的角度，以保证获得正确的方向和理想的距离。

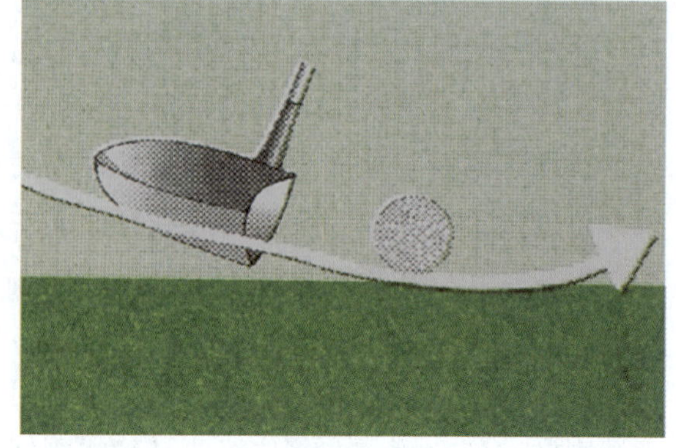

图4–3–5

3. 使用1号木杆时，杆头过下杆底点后向上运行击球（图4–3–6），杆头经过挥杆平面最低点后以向上的角度将球击出，球向前旋转，弹道较低，球的飞行距离较远，满足开球时追求距离的要求，是在发球台上架Tee开球的最佳击球方法。

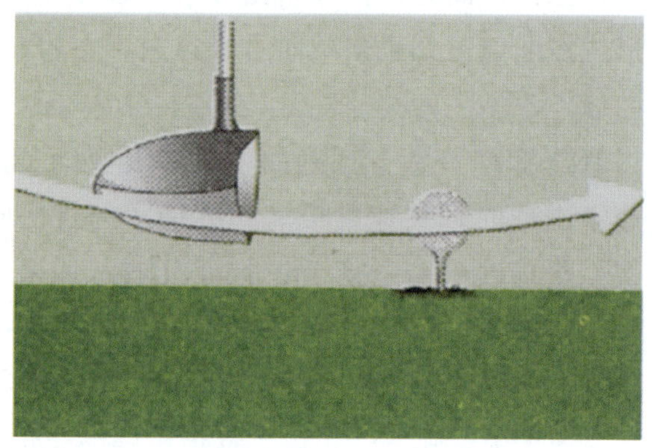

图4–3–6

（五）杆头速度

正常情况下，击球时的杆头速度越大，球飞得越远，这是由物理学上的碰撞原理所决定的，当然前提是方正击球、杆头路线和杆面角度正确。在其他条件不变情况下，杆头速度越快，给球的冲击力越大，球的飞行距离也越远。

（六）挥杆节奏

要想打出又远又直的好球，还必须控制好挥杆节奏。挥杆节奏原则上应该是：引杆、上杆慢，下杆快，送杆、收杆慢。但是，整个挥杆节奏的快慢因人而异，在挥杆击球时不应有不必要的发力，保持一贯的挥杆速度和节奏是非常重要的。

描述球的飞行状况的四个参数:距离、方向、弹道、弯曲。

距离：距离是击球点至球停下来的位置的长度，它是空中飞行距离与地面滚动距离之和。

方向：方向是指球刚起飞时的初始方向。

弹道：弹道是由杆面击球时的有效倾角决定的，一般说来球杆的倾角越大，弹道越高，距离越近。

弯曲：杆头的运行路线和击球时杆面朝向不一致而使球产生侧旋，会使球产生弯曲。

二、全挥杆过程动作解析

在找到了适合自己的握杆，获得了良好的准备姿势后，挥杆动作成为打出好球的关键。这个挥杆过程应该给人连续、完整、节奏清晰、柔和顺畅的感觉。

这里将挥杆的全过程分解为：引杆、上杆中途、上杆顶点、下杆中途、进入触球区、下杆底点、送杆和收杆八个步骤。

本·霍根式挥杆是一种平面回转挥杆，下挥时杆头从右肩飞出，身体旋转动作随之完成。用这种方式挥杆时，球手的肩部保持90°，腰部则保持45°。杰克·尼克劳斯的挥杆姿势有所不同，肩部角度加大到120°，腰部角度则减少为30°，下半身仍然维持瞄球时的姿势，仅仅在上半身做转体动作，使下挥成为左侧击球。杰克·尼克劳斯式挥杆强调直线击球，不加任何手腕动作，左腕与球杆合而为一。

（一）引杆

引杆（图4–3–7、图4–3–8）是挥杆的启动动作，引杆是否正确决定挥杆的成败。引杆动作不能过快，强调的是协调与柔和。

◇站位时，双手的位置以握把后端指向腹部肚脐位置为宜，见图4–3–7。双手位置过低，上杆时手的屈腕就会过陡，双手位置过高，相对目标线而言由内上杆的角度加大，这两种情况都会造成引杆动作失败。

◇引杆时杆面状态方正，垂直挥杆平面，保持杆面平行移动，应避免杆面开放或关闭。

◇头部保持不动，以脊柱为轴心，肩、臂、手和球杆一体引杆，即同时运动。双肩和双臂形成倒三角形，肌肉用力适中，过于放松或紧张都会使动作变形。

◇曲腕与转体动作要协调，以保持形成的挥杆平面不脱离站位时的挥杆平面。

◇右髋向后拉，左肩相应下移，手臂后摆。此时，双肩与双臂形成的三角形至少要保持到八点的位置，手腕的角度与瞄准时相同，臀部位置不变，要有“推上去”的感觉，而不是“用手臂举起球杆”。

◇双脚踏实，抓地有力，此时不能抬起左脚脚跟（图4–3–8）。

图4–3–7　正面

图4–3–7　侧面

图4-3-8 正面

图4-3-8 侧面

（二）上杆中途

上杆途中见图4-3-9。

◇ 左臂与地面平行，球杆与左臂的角度大于或等于90°。

◇ 左手腕沿拇指侧稍上翘，手背与目标线平行，肩部、腰部、髋部依次转动，身体重心逐渐移向右腿内侧。

◇ 肩膀旋转约70°，髋的转动小于肩膀的1/2。

◇ 注意保持“正确的上杆平面”，杆面方正，杆身与目标线平行时，握把的末端指向目标方向，杆趾部指向天空。

◇ 注意保持“柔和、顺畅的上杆节奏”，动作连续而有节奏，过快或过慢都会影响挥杆的质量。

> 上杆顶点时的杆面方向决定了击球瞬间的杆面方向。
> 中性握杆方法有利于上杆顶点时杆面保持正确的方向。

图4-3-9 正面

图4-3-9 侧面

（三）上杆顶点

上杆顶点（图4-3-10）是指在挥杆平面的最高点，能量在此时积蓄到最大极限。这个位置也是上杆动作与下杆动作的转换点，也是两个动作节奏的转换点。上杆动作与下杆动作的转换不要过于急促，要留有空间，即留有上杆顶点的节奏。

◇头部相对于躯干保持不动，双眼注视着球。

◇脊柱角度与站位时的角度一致，提高或降低都是错误的。上肢与大腿形成的角度与站位时也是一致的。

◇肩膀围绕脊柱垂直旋转，髋部水平旋转。肩部向右转约90°，颈椎位置保持不变。髋向右转约40°。

◇左肩在下颌下方，在右膝内侧上方。

◇左臂与杆面平行。也就是说，左臂与杆面处于同一挥杆平面，杆面与地面的角度为45°，杆头指向目标。

◇右臂上臂自然靠近身体右侧，右肘向上弯曲90°。

◇身体重心完全右移至右腿内侧，右膝稍内扣，角度应与站位时相同。

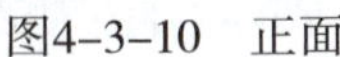

图4-3-10 正面

图4-3-10 侧面

（四）下杆中途

下杆中途（图4-3-11）该步骤通过髋、肩的回转，将身体积蓄的能量传递至手臂。

◇通过右腿的蹬转，髋的回转，身体重心向左侧转移，头部位置不变。

◇重心转移到左腿上，髋部有少许的转动。出于准备发力的需要双腿有往左下方蹲的趋势。

◇自然顺畅地下拉球杆，即维持屈腕的同时依靠肩部的回转顺势下拉球杆。

◇右肩下沉，球杆贴身体向下运动，手臂和身体肌肉绷紧保持应激状态。右手肘向下和向内拉，便于球杆自目标线内侧下杆击球。

◇ 手臂与球杆的夹角已变大，手腕已开始释放，便于手与杆头同时到达击球位置。

◇ 上体前倾角度与站位时相同，头部位置不变。

◇ 注意保持“正确的下杆平面”。

◇ 注意保持“柔和、顺畅的下杆节奏”。

图4-3-11　正面

图4-3-11　侧面

（五）进入触球区

继续通过髋、肩的回转，积蓄能量，延迟能量的释放（图4-3-12）。

◇下杆至球杆与左臂的角度大于等于90°，杆身保持与地面平行，并与目标线平行，杆面状态稍关闭，与脊柱平行。

◇髋、肩继续平顺回转。

◇手臂继续随身体的回转节奏向下挥杆，右臂保持贴近身体。

◇手腕保持上翘，不要过早释放。

上杆动作应遵守的原则：

第一，上杆时肩部转动一定要充分到位，转肩不到位容易打厚或打出右曲球。

第二，尽量避免头部晃动，以保持身体重心稳定。

第三，双臂应缓慢移动，上身起支撑作用。随着上杆的动作自然屈腕，然后转动肩部带动上身转动，最后杆头到达上杆顶点。

第四，杆头到达上杆顶点时，肩部应转过90°而髋部转过40°，此时杆身与目标线平行。

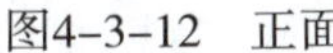
图4-3-12　正面

图4-3-12　侧面

（六）下杆底点

下杆底点（图4-3-13）处于挥杆平面的最低点，能量在此时完全释放，球杆速度达到最快，球由此开始进入飞行路线。

◇ 上体前倾角度与站位时相同，头部位置不变。

◇ 身体重心位于左侧，左腿有受力感，向身后蹬直起支撑和平衡作用；右膝顺势向内弯曲，髋部继续向左转动至约45°。

◇ 肩部与目标线平行或右肩略低于左肩，头部处于球的后方，不能有任何扭动以保持稳定性，左耳与球相对。

◇ 双肩和双臂保持三角形不变，左臂和球杆几乎成一条直线。

◇左手腕伸直，手背与目标线垂直，保证杆面方正击球。

◇保证杆头沿目标线的内侧下杆，再沿目标线内侧随之挥动。

释放杆头，要靠手腕的力量，也就是下杆途中左手到腰部位置时，靠手腕力量使杆头的力量释放。

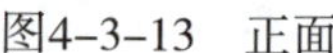

图4-3-13 正面

图4-3-13 侧面

挥杆过程中的三种击球方式：

第一，1号木杆是在过下杆底点后开始击球，满足开球时追求距离的要求。

第二，球道木杆和长铁杆是平行击球即下杆底点击球，以获得正确的方向和理想的距离。

第三，中、短铁杆是在下杆底点前击球。球产生后旋，且弹道变高。

（七）送杆和收杆（图组 4–3–14–1~4）

击球结束并不意味着挥杆过程结束，一定要有自然而充分的送杆阶段。送杆阶段的关键是重心的移动和身体的平衡。

做好送杆动作，要有球粘在杆头上、与杆头一起挥出去的感觉，最后完成收杆动作。从几何角度讲，送杆与上杆中途相对称，收杆与上杆顶点相重合。

◇右肩转向下颌下方，与上杆时的左肩对称，头部位置不变（图 4–3–14–1）。

◇利用击球瞬间的强劲力量，随着重心转移，双臂伸直指向球飞出的方向（图4–3–14–2）。

◇ 自如完成从击球开始的翻腕动作，即右手翻向左手的过程。

◇ 保持击球准备时的身体倾斜度，右肩下沉，面部朝下，并顺势收杆（图4–3–14–3）。

◇ 通过髋、肩继续转动的弹性自然完成收杆动作，注意不要扭转腰部，而要通过髋关节、膝关节的运动来完成转身。收杆结束时身体应保持平衡。

◇ 良好充分的送杆动作说明重心移动的良好和充分，是正确平稳完成收杆动作的保证。

◇ 收杆动作结束，头部转向目标方向，双臂弯曲，双手在左肩上方。完美的收杆动作，是重心完全转移到左腿左脚上（图4–3–14–4）。

挥杆全过程被专业人士称之为全挥杆（图4–3–14–5）。

常胜之道：

第一，一定要保持平静的心态，把所有的注意力集中到当前要打的这一杆上。

第二，增强自信心的最好方法是采用自己熟练有把握的挥杆动作。

第三，不要过多地考虑成绩，减轻心理负担。

第四，临场要根据自己的实际情况作出判断，不要过多注意球友对球杆的选择和临场策略。

思考题：

一、影响正确挥杆的要素有几个？是什么？

二、挥杆平面是如何形成的？陡峭和扁平的机理是什么？

三、方正击球的要领是什么？

图4-3-14-1

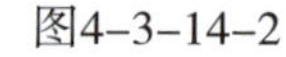

图4-3-14-2

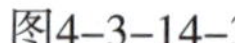

图4-3-14-3

图4-3-14-4

图4-3-14-5 挥杆全过程

第四节　推杆击球

推杆击球是指在球洞区（果岭）使用推杆以推球进洞为目的所进行的击球过程。在规则中一场18洞标准为72杆的高尔夫比赛，挥杆与推杆的杆数在总杆数中各占50%，都是36杆。数据统计显示：对于水平略低的球手，推杆在总杆数中所占的比率大约是42%左右，而职业球手的成绩往往是由推杆的好坏决定。如果说挥杆是在过程中追求完美，那么推杆就是在追求结果的完美。

与球手需要配置多只挥杆不同的是，球手一般只配置一只推杆，而且有经验的球手是不经常更换推杆的。推杆技术动作也没有挥杆那么复杂，可以说挥杆是球手间力量的博弈，推杆则是球手心理素质的博弈。

一场标准的高尔夫比赛18个球洞所处的球洞区形状各异，复杂纷呈。球手可以选择使用各种类型的推杆：长距推杆、短距推杆、上坡推杆、下坡推杆等来实现对于目标的攻击。实战中，在同一个球洞区、同一个位置上使用同一个推杆，推出的球的线路却不是完全相同，这也正是高尔夫这项运动的魅力所在。

图4-4-1

一、推杆基本要领

（一）击球准备

1. 站姿。双脚开立至最具舒适感的距离（一般与肩同宽），上身放松自然弯曲，双膝放松微屈。双手握杆，感觉双臂轻靠两边肋部，双肩与手臂形成一个倒悬的三角形。一般推杆的杆底角度是 70°，杆面倾角是 3°~6°（图 4-4-1）。

2. 握杆。握杆的方式不限，推杆的握杆

着重强调双手握杆时要有较为舒适的一体感，杆面垂直推击线。注意握杆力度要适当，握杆太紧会使手、手臂和肩部的肌肉紧张导致动作变形，影响推杆质量。

3 站位。肩部、臀部、双肩、双脚与推击线保持平行。挺胸收臀，重心稍左，体重均匀分配在脚掌内侧。双臂自然下垂，杆身与地面的角度为70°。脚尖与球的距离因人而异，眼睛在球位的正上方是比较合适的距离。

4. 球位。球位在身体中间偏左约两个球，左眼正下方的位置。

5. 瞄准。在确定推击线路之后，在球与目标之间距离球约30厘米的位置选择一个点作为中间目标，这个中间目标可以是变了颜色的草或沙子，也可以是有其他特点的标记。这里要着重强调：杆面、球对中间目标进行瞄准而不是对最终目标瞄准。

杆面瞄准：首先让杆面与目标线保持方正，然后根据杆面让身体各部位的连线与杆面垂直。

先放置推杆，后调整身体站位：预备击球时，应首先将杆头放置在球后并瞄准目标，然后再相应调整身体站位。多数球员是先站位后放置球杆，这很容易造成瞄球错误。

（二）推杆击球的六个关键因素

1. 击球时的杆头路径：杆头运动路径与地面平行。为了让推杆击球更加顺畅，挥杆时不应该贴紧地面运动，杆头后摆和前摆形成的路径是一个两头轻微上翘、弯曲的轨道（图4-4-2）。杆头路径决定球在球洞区的滚动方向。

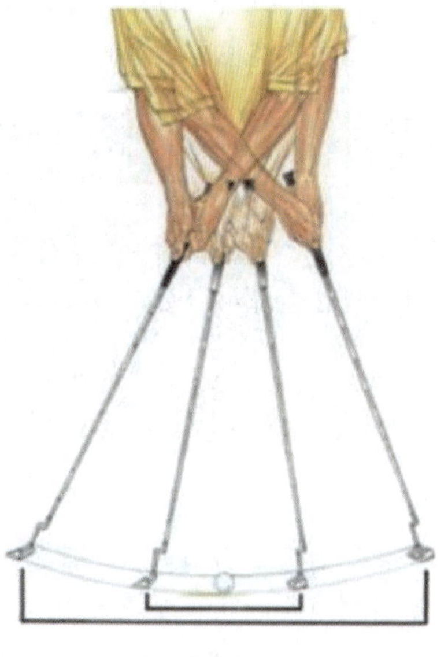
图4-4-2

2. 击球时的杆面方向：与挥杆相同，有三种方式：杆面方正、杆面开放和杆面关闭。这是决定球在球洞区滚动方向的关键因素。

3. 方正击球：要求使用杆面的甜蜜点击球，非甜蜜点击球会造成距离损失。

4. 击球角度：杆头向上、向下或水平移动击中球，它决定球的旋转程度，是影响距离的因素。

5. 杆头速度：在击球时杆头速度与球的滚动成正比，所以杆头速度是影响距离的关键因素。

6. 动作平稳协调：推杆时要保持身体和头部的相对静止，是上臂和肩部的力量带动推杆实现运动。如果手、手腕和肩的运动不协调，就很难实现对方向和距离的控制。所以平稳而有节奏的击球动作对于取得好的成绩至关重要。后上杆和送杆的幅度要基本保持一致，良好的节奏感会提高对距离的控制程度。

（三）推杆动作解析

◇与挥杆不同的是，在整个推杆过程中站姿是基本保持不变的，尤其要求身体没有任何水平的移动，以保持良好的推杆稳定性。

◇ 上身向前弯曲到肩部可以舒适的自然摆动为止，挺胸收臀，双腿微曲，大腿要没有后拉的感觉，保持重心稳定。

◇ 双臂自然下垂握杆，双手与身体要保持合适的距离，以杆头可以平行移动直线击球为宜。

◇ 始终保持双肩与手臂形成一个倒悬的三角形，手腕与杆身平行。

◇ 双手的分工是：左手起方向引导的作用，右手起控制距离的作用。

◇ 为保证推杆时杆头平行移动，需要手腕动作保持不变，不能有任何的弯曲动作（见图4–4–3）。

图4–4–3

◇平行击球要求头部投影点没有移动，中间目标要确定在眼睛余光可视范围之内，以防止头部移动引起身体晃动干扰平行击球。

◇ 推杆时眼睛要盯住球与杆面接触的部位，而不是盯住球。目光不随球杆移动是非常重要的，不然会引起头部移动影响击球的稳定性。具有良好推杆的球手，眼睛只是盯着球的后面，而不是随着球杆有任何的移动。

◇ 双肩以颈椎为轴作钟摆运动，保持双肩与双臂的倒悬三角形不变。

◇ 击球瞬间手腕动作保持不变，肩部带动手臂和杆头一起作钟摆运动。杆头始终在推击线上移动，杆面与推击线成直角。

推杆的全过程分为：

上杆（图 4–4–4）

◇ 上杆时，双肩以颈椎为轴向右转动，杆头稍离地面，沿推击线平行向右移动。

◇ 要注意感受杆头的重量，通过上杆幅度的大小来控制距离。

◇ 上杆幅度的大小决定推球的距离，距离越长上杆的幅度应越大。

◇ 动作平稳有节奏感，良好的节奏是距离控制的不二法门。

长推杆：摆动幅度大而流畅，动作慢而轻，节奏协调。这需要较宽的站位。握杆稍轻，用肩部和手臂挥杆，手腕保持不动，头和身体也同样相对静止。挥杆时杆头像钟摆一样运动，即杆头路径是一个两头向上翘、弯曲的弧线。不要对方向太过在意，更主要的是要稳定击球，并让球有一个良好的滚动。

下杆（图 4–4–5）

◇ 下杆时，双肩仍以颈椎为轴回转，杆头沿原路线返回，并方正击球。

◇ 推杆的杆面倾角虽然很小但是非常重要，如果没有这个角度，推出的球会产生弹跳，影响距离和方向，所以击球时一定要注意保持这个角度。

◇ 击球方法有两种：平推和上推。

平推：平推是指手臂和双手保持固定，通过肩部作钟摆运动的推杆方法。沿推击线下杆，击球后，送杆要有平推的动作。平推比较适用于距离稍长的长推杆。

上推：上推是指手腕稍向上上杆，改变击球角度向上将球敲出的击球方法。这种击球方法使球产生旋转，适用于在草比较硬的球洞区上进行短距离推杆。在长距离推杆时这种击球容易产生方向偏离，应避免使用。

送杆（图 4–4–6）

◇ 送杆时，双肩以颈椎为轴向左转动，左肩稍上提，左手腕与球杆的角度保持不变。

◇ 手腕保持固定，肩部与双臂所形成的倒悬三角形保持不变。

◇ 送杆与上杆是完全对称的运动，并且节奏相同。

短推杆：短推杆追求的是准确，所以开始时的站姿必须紧凑，以利于控制。从髋部往前弯曲稍多一点，双脚靠前一些，也就是站位较长推要窄，身体要低，但不能让身体失去平衡。利用肩部和手臂相对微小的动作，结合手和手腕的小块肌肉带动球杆运动。

图4–4–4　上杆

图4–4–5　下杆

图4–4–6　送杆

二、推杆的方向和距离

世界上没有两片完全相同的球洞区，而且球会随机地落在上面的任何地方，球洞区千变万化，球位千差万别，一路挥杆奋战将球攻上球洞区的球手要面对的就是这样一种随机的选择。

对于任何球手而言，无论遇到什么样的球洞区和球位，推球入洞的不二选择是对于球洞区作出研判，制定出推击路线，也就是判断出推杆的方向和距离并付诸实践。这里球手们较量的不仅仅是技术和经验，而且在智慧、心理素质和控制力方面的对抗能力显得尤为重要。

（一）方向判断

◇ 对方向影响较大的主要是球洞区的坡度和草的纹路。向前滚动的球出现球路弯曲转折的原因：一是球位与球洞之间的坡度对球路产生了影响；二是草的纹路对滚动中的球产生的阻力使球路发生了左曲或右曲。同样的坡度，所处的球洞区速度越快球受草纹的影响程度就越大，速度越慢影响越小。

◇ 从球的后面研判推击路线，确定是左侧坡还是右侧坡以及坡度的大小，进而确定球路的弯曲度的大小。

◇ 到球洞的后面复查推击路线，验证是否正确。在坡度复杂的球洞区上，从不同的角度观察会得出不同的结论。

◇ 研判草纹的办法是观察太阳的方向，向着太阳的方向生长的是顺草，反之就是逆草。也可以通过观察球洞口的草的生长来研判草的纹路。

（二）距离判断

推杆距离有两个层面的意义：一方面是球位与球洞的距离；另一方面是一次推杆将球送出的距离。

影响推杆的距离有两方面的因素：距离感和力量的使用。

◇ 推球的距离感来自挥杆的强弱和击球的感觉。反复多次不同距离的推杆练习可以帮助球手找出适合自己的上杆幅度和击球速度。

◇ 徒步测量球位到球洞的距离是对凭经验和感觉产生的距离感进行复核的好办法。

◇ 用击球力量即杆头速度控制推球的距离。相同的击球幅度，用力不同则杆头速度不同，击出球的距离也不同。

◇ 用挥杆幅度控制推球距离。距离越长挥杆幅度越大，反之亦然。

◇ 使用控制击球力量方法还是使用控制挥杆幅度的方法来控制推球的距离，是各有侧重还是两者结合，这要根据个人的体貌特征和喜好而决定。

◇ 推杆时发力大小的判断，非常重要的一部分是来源于对球洞区的研判。

距离是通过挥杆幅度和节奏来控制的。上杆幅度越大，球推得越远。方向和节奏决定了推球的稳定性，是最主要的控制速度和距离的因素。良好的推杆节奏是上杆和送杆的速度与距离保持相同。

三、球洞区研判

球洞区形状各异，地貌复杂纷呈。良好的球洞区研判可以帮助球手正确判断球的弯曲拐点和滚动速度，设定出正确的推击路线，有效减少推杆次数。

对于球洞区的研判有两方面的内容：研判球洞区快慢以确定球的滚动速度；研判球洞区的转折以确定推击路线，借助坡度的作用实现推球入洞。

（一）研判球洞区速度

具有丰富经验的高尔夫球手将球洞区分为慢速和快速，研判球洞区速度的口诀是：

◇ 上坡慢，下坡快。

◇ 逆草慢，顺草快。

◇ 潮湿慢，干燥快。

◇ 冬天慢，夏天快。

◇ 长草慢，短草快。

慢速球洞区的特点是球移动的阻力大，球运行的弯曲度小。推球时要克服阻力就要增加力量，提高杆头速度，加大球的冲击力。球的冲击力与球洞区坡度影响是相互制约的关系，这种情况下设定推球路线的弯曲程度要小一些。

快速球洞区的特点是球移动的阻力小，球运行的弯曲度也大。推击用力要轻，设定推球路线的弯曲程度要相应加大。

另外，影响果岭速度的因素还有草的品种、球场对草的管理状况、雨天、风力、风向等。

（二）判断球洞区转折

球洞区转折是指高尔夫球在球洞区上由于坡度和草纹的变化而改变了滚动路线。转折点就是高尔夫球在球洞区上开始改变滚动路线的地点。

◇ 坡度和朝向是影响球滚动路线的第一因素。

◇ 草纹的顺逆会使球的滚动发生变化。

◇ 球的速度是使球路受客观条件影响发生转折的重要因素，球速越慢，所受影响越大。

长距离推杆秘籍：

第一，忘掉球洞。研判球洞区时，找出推击路线上的最高点，即球完全受引力影响开始滚向球洞的一点。将杆面瞄准这一点。

第二，挥杆。比赛前去果岭练习，找几个不同的球洞，仅用右手握杆练习推击，以加强对距离控制的感觉。注意体会你的手臂和击球是如何完全被杆头的重量所控制的。击球过程中你的前臂应该有一定的转动，手腕先翻转再反向翻转，以增加击球力量。你也可以在球场上用这种击球代替标准击球。

第三，不要想着一定要推击进洞，精神放松，自由地感受杆头的运动与击球瞬间给你带来的成就感。你对距离控制能力的提高会让你自己更加自信。

四、推杆程序

◇ 在球洞区上自己的球位处用球标（Mark）做好标记,捡起球，擦拭干净后将球放回原处。无论距离远近，从侧面观察球与球洞之间的实际距离、坡度以及草纹（图4–4–7），进行实地研判。

图4–4–7

◇ 先从球的后方研判（图4–4–8），再从球的前方研判以最终确定推杆路线（图4–4–9）。

图4-4-8

图4-4-9

◇ 根据研判后的推杆路线,有转折点的话把球对准转折点,没有的话就直接对准目标（图4-4-10）。

◇ 收起球标，做击球准备。

◇ 在球位后方，前后试推确定上杆幅度和节奏。

◇ 站好位，抬头看球洞一次后，将球推出。

◇ 将球推出后，保持原来姿势不动2秒钟（默数），然后抬头看球。

图4-4-10

思考题：

一、如何理解推杆在一场高尔夫比赛中的重要性？

二、推杆的基本要领有几项？

三、球洞区研判的基本方法是什么？

第五章

高尔夫实战技法

第一节　临场策略

要在一场高尔夫比赛中获得好的成绩，单凭技术过硬和良好的体能是远远不够的，制胜的关键在于临场策略。同一位球手在同一个球场攻击同一个球洞区因为临场策略不同,取得的成绩会是天壤之别。高尔夫运动能够吸引众多爱好者的原因，就在于它的对抗性不仅仅表现在力量和技术层面，还表现在智慧、心理和控制层面。高尔夫运动是对奥林匹克精神“更高、更快、更强”的综合体现。高尔夫运动是不过分依靠体能、运动强度不大的户外运动，它非常适合不同年龄不同身体条件的人们参与其中。

临场策略是指球手在下场地练习或比赛中，根据自身的球技水平、球路特点、球场情况和天气状况而制定出的实战方案。按系统划分，临场策略可以归纳为整场的全盘策略、每个球洞的策略及每一杆的策略；按项目划分，临场策略包括开球、架Tee、球杆的选择、球路选择、攻击球洞区、心态调整等多方面的内容。

孙子兵法曰：知己知彼，百战不殆。球手确定临场策略应考虑的主观因素是自身的技术水平和球路特点，应考虑的客观因素是球场状况和天气情况。临场策略要切实可行才能发挥出球手最佳水平，高估主观因素会因力不能及而频繁失误增加失分，过于保守低估主观因素的结果是不能发挥原有的技术水平而错失良机。在处理客观因素时，实地勘察和事先了解，做到心中有数十分重要。

以下介绍几例有共性的临场策略以供参考。

一、开球策略

站上发球台，以每打一杆都要为下一杆击球创造有利条件为原则，制定出这一洞的策略：

1. 确定球的路线，要从以哪个方向攻上球洞区最为有利出发。如球洞区的右侧设置了水塘，应采取从球道的左侧向球洞区攻击以避开水塘的路线。

然后在路线上确定目标点，将球击向目标点所在的区域。

2. 根据球手的球路特点决定在发球台上架Tee的位置。如球手倾向于打出右曲球，就应瞄准球道的左侧，将Tee架在发球台的右侧。

二、选择性架 Tee

有经验的球手在一场球中，使用不同的球杆则架设不同的Tee。

长Tee：1号木杆顺风开球时使用。

中Tee：一般性开球即在使用球道木杆（3号木杆或5号木杆）或长铁杆开球时使用。以架Tee摆上球后，球的高度高出杆头半个球身为宜。

短Tee：顶风开球和使用铁杆开球时使用。

三、选杆原则

选择较长球杆的球位：慢速球洞区、逆风击球、上坡击球、沙坑击球等。

选择较短球杆的球位：快速球洞区、顺风击球、下坡击球、长草区击球等。

四、攻击球洞区

对于有经验的球手，攻击球洞区的一杆是决定胜负的一杆。

策略一：根据球洞区研判，设定目标在球洞区的位置，如旗杆、中间区域或其他位置。原则应是从这个目标相对容易攻上球洞区并且是球洞区上的“安全”位置。

策略二：选择适合且习惯使用的球杆。

提高上果岭（球洞区）率：

要想提高成绩破90杆，争取标准杆，就必须在提高上果岭率上下功夫。打上果岭牵涉到的不只是技巧，也关系到用杆选择。

第一，对球道宽度、障碍区、果岭区的研判要正确。

第二，选择适合且习惯使用的球杆。建议初学者选择比你所想的长一号的球杆。

五、保持良好心态是临场策略的重中之重

在体育运动中适度紧张对于发挥技战术水平有正面作用，过度紧张则会对球手的正常发挥产生负面影响。下面介绍调整心态、放松情绪、正常发挥技术水平的几个办法：

1. 把注意力集中在当前这一杆上，忘记已经取得的成绩和发生的失误。默念正确的挥杆过程，想象正确的挥杆路线、方正击球和挥杆节奏的动作要点。深呼吸让心态平静下来，然后再进入击球准备阶段。

2. 尽量使用熟悉的球杆以熟练的方法握杆和击球，临场不要有侥幸心理，更不要过于冒险，每次击球前都要先考虑可能出现的结果及其处理方法，以打出“安全球”为第一。

3. 放慢节奏是对抗紧张的有效办法。球手的个性和风格不同，打球的节奏有快有慢。在临场对抗中放慢行进速度、放慢挥杆和推杆速度、多做慢深呼吸会使过度紧张有所缓解和释放。

4. 养成击球准备动作程序化、一致化的好习惯。实践证明，良好正确的习惯动作对于球手增强信心、打出好球是行之有效的。

如何增加开球距离：

第一，站位时为挥臂和转肩动作留出足够的空间。要站得离球远一些，同时也没有加大上体前倾幅度，应该站得比较直。这两点会加大双手和双腿之间的距离，能够在触球过程中自由地做出有充满爆发力的动作。

第二，双臂伸直，球杆大约与目标方向线平行，以建立良好的挥杆平面。

第三，转体，而不是抬高手臂，正确做法是利用转体动作提高力量，做出围绕身体的而不是直上直下的挥杆。不要使挥杆轨迹切过目标方向线，从而避免软弱无力的击球和曲线球。

第四，完美的收杆是杆头速度最大化和击球距离达到最大值的综合体现。

第二节　困难球位的打法

所谓困难球位，那是球场设计师的杰作。能工巧匠们利用高低起伏的地势、草丛、树林、水塘、沙坑等设计出千变万化的障碍区，使比赛的过程扑朔迷离，也使球手间的对抗更具挑战性和趣味性。

“救球”是球手对处理困难球位的俗称，可见其在一场球中的重要地位。处理困难球位需要球手具有扎实的基本功。选择安全打法，把损失降到最低是“救球”时的最佳策略。

一、斜坡击球

斜坡球位：站位时两脚不在一个水平面内属于斜坡，左脚高右脚低是上坡，反之是下坡。无论是上坡击球还是下坡击球，杆头沿斜坡挥出可以做到扎实将球击出，为了保持身体平衡，应尽可能地用肩膀带动双臂挥杆，以减少身体的旋转。

（一）上坡球位（图 5–2–1）

◇ 站位时左脚高，右脚低。

◇ 保持肩膀和臀部与地势平行，身体以脊柱为中心线与斜坡垂直。

◇ 重心压在右脚，球位随坡度大小适当前移。

◇ 球位的前移会产生较高的弹道，击球的飞行距离变短，落地后滚动的距离也变短。所以应选择杆号小一两号的球杆。例如，平地击球使用7号铁杆，在上坡击球时就要选择6号铁杆。

◇ 因是上坡，击出的球会向左弯曲所以瞄准应适当偏右。

图5–2–1

图5-2-2

◇ 挥杆动作不宜过大。上杆做3/4挥杆即可，送杆和收杆动作要简洁。

（二）下坡球位（图 5-2-2）

◇ 站位右脚在上，左脚在下。

◇ 保持肩膀和臀部与地势平行，身体以脊柱为中心线与斜坡垂直。

◇ 重心压在左脚，球位随坡度大小适当右移。球位的右移可以在一定程度上缓解下坡球位产生的弹道较低的问题。

◇ 杆面击球角度变小而弹道低矮，且落地后滚的距离长，所以一般选择杆号大一号的球杆。

◇ 因下坡球位，击出的球会向右弯曲，所以瞄准时要瞄向目标的左侧。

◇ 顺坡势引杆，上杆动作要小，做3/4的送杆动作。

二、侧坡击球

侧坡球位：球的位置高于双脚或球的位置低于双脚的球位。在这种情况下，击出的球会飞向斜坡较低的一侧。

图5-2-3

（一）球高人低（图 5-2-3）

◇ 球的位置高于双脚。

◇ 站姿比正常时挺拔一些，重心在前脚掌。

◇ 身体与球的距离近。握杆尽量接近握把前端。向下握杆的距离随坡度而定，坡度越大握杆越短。这在选杆时要予以注意。

◇ 站姿直挺，挥杆平面相应扁平，容易形成由内而外的挥杆路径，打出的球会向左弯曲，所以应瞄准目标区的右侧。

◇ 挥杆时以手臂和肩膀为主，在保持身体平衡的前提下完成挥杆。

（二）人高球低（图 5-2-4）

◇ 球的位置低于双脚。

◇ 此时手与球的距离变远，握杆要尽量接握把顶端。

◇ 两脚距离加宽，膝关节比正常球位时弯曲，重心在靠近脚跟的位置。

◇ 挥杆平面比平地击球时陡峭，容易形成由外而内的挥杆路径，打出右曲球，所以应当瞄准目标区的左侧。

◇ 保持身体平衡，挥杆时以手臂和肩膀为主。

图5-2-4

◇ 选择小一号的球杆。

◇ 保持身体平衡，上杆要陡一些，做3/4挥杆，送杆、收杆动作要简捷，击球后右脚不能离开地面。

三、粗草区与长草区击球

粗草区和长草区设置在球道、球洞区、发球区或其他障碍区附近。球落入粗草区或长草区说明球已脱离了正确路线，所以在此时击球的第一要务是将球救上球道或直接攻上球洞区。出于临场策略的需要，即便是顶尖高手在击球过程中都无法避免在粗草或长草中击球。

（一）粗草区击球（图 5-2-5）

◇ 规则上，因草的修剪程度不同将粗草区分为第一粗草区（First Cut）、第二粗草区（Second Cut）等。

◇ 球位埋得较深时，使用杆面斜度较大的球杆将球救回球道或直接攻上球洞区。

◇ 球位后移，身体重心的60%放在左脚上。

◇ 用陡峭的角度上杆，以减少击球瞬间被草缠住而产生的失误。

◇ 树立信心，毫不犹豫地击球。

（二）长草区击球（图 5-2-6）

◇ 长草是未经过修剪的草。

◇ 首要策略是正确选杆，可以选用杆面倾角较大的木杆或铁杆，长铁杆最不适宜在长草区里击球，应该选择6号铁杆或者更短一点的铁杆。较大的倾角有利于将球救出，送回到球道或攻上球洞区。

◇ 为获得较好的控制力，握杆应靠近握把的末端。草越长杆头被草缠绕的可能就越大，使得杆面在击球时关闭，所以要选择杆面倾角较大的球杆并配合杆面开放击球。

◇ 站位的策略在此时尤为重要：站位靠后，人与球之间距离加大，球杆被草缠绕的概率增加；站位靠前，挥杆平面过于陡峭。由于球是陷入长草之中，正常挥杆杆头无法扎实击球，采用相对陡峭的挥杆平面向下击球是行之有效的“救球”策略。如果选用较长的球杆，站位时双脚左移让球位在双脚中心线的右侧，如果选用较短的球杆，球位应该在正中间。

◇ 方正站位和杆面开放，重心向前，球位靠后，陡峭上杆，上杆幅度是正常挥杆的3/4，向下击球，收杆只有正常挥杆的一半即可。

图5-2-5

图5-2-6

四、树林障碍

平坦球道两旁绿意盎然的树林使得球场显得那么和谐宜人，但是当球手失误将球击入其中，你的心情就不再会像先前那么轻松愉快了。球被击入树林，在树林障碍技术上要求球手会打出左曲球、右曲球、高飞球和低飞球，有时还可能需要使用左手击球。制定临场策略的步骤是：观察情况、选择球路和打法，然后加以实施。

（一）树下救球（图 5–2–7）

◇ 当球正好停在树下时，在正常站位的情况下，采用打低飞球的打法，压低弹道击球使得球可以从树丛中顺利穿过。

◇ 选用杆面斜度小的球杆。

◇ 正常站位，挥杆幅度控制在不碰到树枝为限。

◇ 击球瞬间，身体略向左倾，减小击角度，压低弹道。

◇ 送杆很低而且比较短。

◇ 不要因为急于看击球效果而过早抬头。

图5–2–7

◇ 在不能正常站位的情况下（以右手球手为例），面对球道方向，球在树的右侧时，原则上只要将球击回球道即可（图5–2–8）。

◇ 右手单握球杆，靠近握把后端，感觉能够控制球杆。

◇ 深呼吸，放松，消除紧张感。

◇ 小挥杆，以平浅的角度击出低飞球。

树下救球的注意事项：

第一，受空间的影响，不能采用全挥杆的方式击球，可以在击球前做几次试挥杆来决定上杆幅度的大小。

第二，规则规定练习挥杆时不能碰落树叶或树枝，否则将以试图改善环境罚杆。

第三，保持正确站姿，头部不要随球移动，尤其避免在进入触球区域就开始抬头看击球效果。

图5–2–8

图5–2–9

（二）飞越树顶（图 5–2–9）

当球位与果岭之间被树林阻隔时，首先要判断球位到树林的距离和树林到果岭的距离。

◇ 选择杆面角度适当的球杆。球位与树木间的距离不影响正常站位时，使用9号铁杆或劈起杆；如果树木很高，可以使用沙坑杆。

◇ 双脚略靠近，膝关节向前微曲，重心在左半边，头部保持在球位之后。

◇ 击球瞬间到送杆，保持左手腕角度不变。

◇ 右臂和肩部放松，挥杆速度比平时更慢、更柔和。

五、水障碍（图 5–2–10）

图5–2–10

多数球场的水障碍是由人工搭建而成，能救球的机会不多，尤其在球完全没于水中时。如果球位附近的地形能够让球手站住站稳，而且没有石头、树枝等妨碍球手身体或球杆的运动，一般球手是不肯放弃要一试身手的。注意：击球准备时也不能碰及水面，否则罚分。

◇ 保证站姿和杆面的方正。

◇ 从球后5厘米处下杆。

◇ 击球和送杆时，保持双手在杆头前面。

六、秃球位

在冬季和早春，或球场管理不善、草皮生长状况不好，没有草的裸露地面称为秃球位。应对策略是：

◇ 选用劈起杆或更长的杆，如7号、8号、9号铁杆，打出低飞球或滚地球。

◇ 从站位到击球瞬间，双手都要在球的前面，防止击打地面。

影响沙坑救球距离的四个因素：

第一，杆面的仰角和手的位置：杆面越是开放仰角越大，球就会飞得越高；球位在双手之前击出高的球，反之则击出低球。

第二，挥杆平面：上杆越竖直挥杆平面就越陡峭，球就飞得越高、越短。

第三，挥杆的幅度和速度：其他因素相同，杆头速度越大球就飞得越远。

第四，击打的沙量：打到的沙越多球就飞得越短。球杆越是靠近球入沙，球的旋转就越强劲，上了球洞区后会迅速停住。

第三节 沙坑击球

规则规定：沙坑（Bunker）是比周边低矮而且铺有沙子或裸露出地面的障碍区。沙坑分为在球道中间的正面沙坑、侧面沙坑和球洞区边的沙坑。同时白色沙坑还起到点缀球场景观的作用。

◇ 在比赛时，要牢记试挥杆和瞄准时杆头都不得接触到沙坑中的沙子。

◇ 沙坑击球并不直接打到球，允许有较大的误差，把球打出沙坑就可以。

◇ 为防止移动，双脚应牢固地踩入沙中。

一、球道沙坑

通常球道沙坑边缘较低，对击球路线高低的影响不大，击球方式需稍作调整（图5-3-1）。

◇ 开放式站位，身体对准目标左侧，重心左移，双脚应牢固地踩入沙中。

◇ 球位在两脚中间偏左，杆面开放瞄准目标。

◇ 靠近握把前端握杆，瞄准球后5~10厘米的地方击打。

◇ 上杆时，右肘紧贴身体，形成比较浅平的上杆角度。下杆时以从外到内的路径挥杆。

◇ 击球时，应击中球的底部，头不要移动。将球和沙子一起抛上球洞区。

◇ 送杆时，以上半身（手臂和肩膀）的转动为主。

图5-3-1

二、球洞区边沙坑

这种沙坑球的救球特点是：打沙不打球（图5-3-2）。

◇ 开放式站位，让身体平行线对准目标区左侧约30° 的方向。

◇ 60%的身体重心放在左脚上，球位适当前移。

◇ 杆面开放，杆面指向上方。

◇ 上杆时屈腕，形成陡峭上杆角度，以便下杆时的杆头速度加大。

◇ 下杆保持良好节奏，一般是以杆头底部切进球后的沙中，利用飞起的沙将球捧起，不减速，完成送杆。

◇ 利用上杆幅度和击起的沙量决定击球的距离。

图5-3-2

三、“荷包蛋”（图 5-3-3）打法

图5-3-3

把球的一半以上陷入沙中的球位称为“荷包蛋”，这时的首要目标是将球打出沙坑。

◇ 站位时平行握杆，杆面自然关闭。

◇ 球位在左脚偏右一个半球的位置上。

◇ 上杆陡峭，用力切进球后面2~3厘米处的沙中。为使上杆陡峭，可以基本没有引杆动作，球杆有直上直下的感觉。击出的球弹道较低，滚动距离较长。

◇ 注意力集中在击球瞬间，不用考虑送杆动作。

◇ 目标不要直接选择球洞，在“荷包蛋”与球洞之间的球洞区上选择一个合适的目标点，把球击向这个区域，让球落地后滚向球洞。

第四节 短击球技法

短击球通常是指击球距离30米之内，用于果岭周围的击球技法。选择好球杆，掌握好击球技术，可以有效地减少杆数，提高成绩。

临场策略需要就三个方面的因素作出研判：球洞区速度和坡度、击球的高度和力度以及球的旋转。

短击球原则：尽量采用安全打法。

第一，能打地滚球就一定打地滚球。

第二，不能打地滚球时，球抛起的高度不要高，落地后一定要有一定的滚动距离。

第三，采用高吊球，落地后要能停住球。

一、起扑球

图5-4-1

起扑球（图5-4-1）也称切滚球，球飞上球洞区后，以向前滚动的方式靠近或进入球洞。起扑球在短击球中是比较安全的方法，一般选择杆面角度较小的铁杆。

◇ 击球准备：站姿略窄，左脚向左打开大约15°，重心左移，60%的重量在左脚上。站位时，两膝放松微屈，保持平衡。身体稍打开，双手位于球位的前方，一般方式握杆或采用推杆的握杆方法，握杆力量要始终保持一致，挥杆时手部不要有任何动作。握杆短些，杆面方正。

◇ 上杆：左手腕保持平直稳固，以肩带动手臂，上杆幅度较小。

◇ 击球与送杆：身体重心60%保持在左侧，下杆击球时，膝随身体的转动向目标侧弯，杆面保持方正，送杆幅度与上杆幅度基本一致。

◇ 落点选择：使用不同的铁杆，球的飞行距离与滚动距离比不同。见表 5-4-1。

表5-4-1

铁杆型号	9	8	7	6	5	4
球的飞行与滚动距离之比	1：1	1：2	1：3	1：4	1：5	1：6

◇ 如果球位在距果岭较远的长草中，还可以使用木杆，因为木杆更容易在草上滑过。

二、劈起球

劈起球（图 5-4-2）是用杆面倾角比较大的球杆，向上打起高球越过障碍并靠近球洞的技法，一般选用劈起杆或沙坑杆。

◇ 击球准备：站姿与起扑球相同，杆面稍开放，但要对准目标，握杆稍短。

◇ 上杆：采用陡峭上杆方式，注意屈腕时机视上杆幅度而定，一定要完成屈腕动作。

◇ 击球与送杆：下杆击球时，保证平顺地加速以维持良好的击球节奏，击球后顺势送杆，注意轻松握杆。

图5-4-2

◇ 落点选择：一般从球位至目标球被击起的滚动距离是飞行距离的1/3。不同情况下有不同的选择：地硬落点可距目标远些，地软则近；下坡落点应距目标远些，上坡近些。

◇ 劈起球的落点一般要比预想的距离短，所以攻击的目标点一定要选择旗杆。

三、高抛球

在球位与球洞的距离在10米之内，而且之间有沙坑或长草的情况下，一般采用高抛球技法，杆形选择沙坑杆或高吊杆（杆面角度为60°），动作基本与劈起球相似。

◇ 击球准备：站姿略窄，左脚向左打开大约15°，重心左移，60%的重量在左脚上。球位中间偏左，站位稍开放。正常方式握杆，杆面开放，双肩与目标线平行，双脚均匀有力。

◇ 沿身体方向挥杆，上杆陡峭，曲腕动作提前，以形成陡峭的挥杆平面，使击球力量减小，击出的球高高抛起而且距离不远。

◇ 球的落点更接近目标，球的飞行距离与滚动距离比可达到9∶1，甚至球在第一落点停球或向回滚动（初学者或高差点球手不宜使用该技术）。

差点：通常用最近20次成绩计算差点。用实际杆数减去该球场的难易率（视发球台而定），再乘以113（标准球道地形难易率），再除以球场个别球道地形难易率，所得数字就是微分数。取最好的前10次成绩的微分数平均值，乘以0.96就可得出差点。

低差点：每轮的平均杆数高于标准杆（一般球场均为72杆）10杆以下。

中差点：每轮的平均杆数高于标准杆10~20杆。

高差点：每轮的平均杆数高于标准杆20杆以上。

第五节　九种球路的打法

高尔夫球的飞行路线（不包括飞行弧度）基本是由挥杆路径所决定的，最终还取决于杆面的状态，大致可分为三类九种。

一、挥杆路径由内向内（in-side-in）类（图 5-5-1、图 5-5-2）

当挥杆路线与目标线一致（in-side-in）时，杆头也保持这种运行轨迹，击球瞬间杆面的不同状态能产生三种球路：直球、左曲球、右曲球。

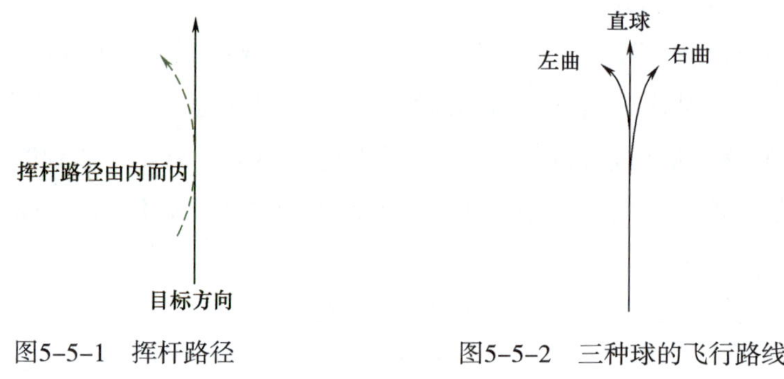

图5-5-1　挥杆路径　　图5-5-2　三种球的飞行路线

相对此时的挥杆路径：

◇ 杆面状态正对目标，方正击球，球将按直飞路线接近目标，称之为直球（stright）。

◇ 杆面成朝左的关闭（close）状态，球将沿着直线飞行一段距离后，再弯曲飞向左边，称之为左曲球（draw）。

◇ 杆面成朝右的开放（open）状态，球也将沿着直线飞行一段距离，之后再弯曲飞向右边，称之为右曲球（fade）。

二、挥杆路径由外而内（out-side-in）类（图 5-5-3、图 5-5-4）

当挥杆路线沿着目标线由外而内（out-side-in）时，杆头同样保持这种运行轨迹，击球瞬间杆面的不同状态产生三种不同的球路：左拉直球、左拉左曲球、左拉右曲球。

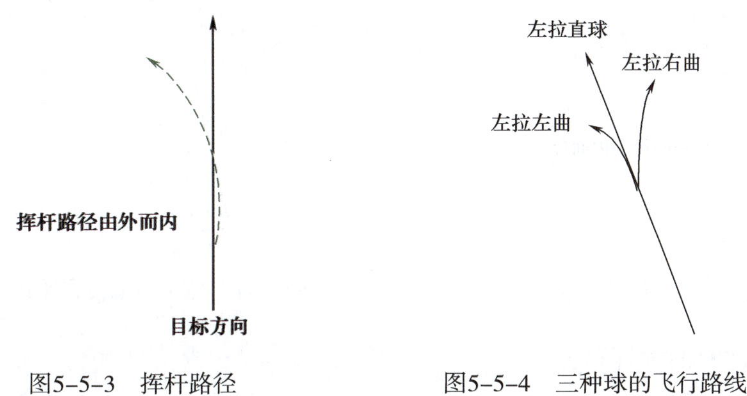

图5-5-3 挥杆路径　　图5-5-4 三种球的飞行路线

相对此时的挥杆路径：

◇击球瞬间杆面处于方正状态，球将直接飞向目标左侧，称之为左拉直球（pull）。

◇击球瞬间杆面成朝左的关闭（close）状态，球将先直接飞向目标左侧，再向左弯曲飞行，称之为左拉左曲球（pulled hook）。

◇击球瞬间杆面成朝右的开放（open）状态，球将先直接飞向目标左侧，再向右弯曲飞行，称之为左拉右曲球（pulled slice）。

三、挥杆路径由内而外（in -side- out）类（图 5-5-5、图 5-5-6）

当挥杆路线沿着目标线由内而外时（in-side-out），杆头也按这种轨迹运行，击球瞬间杆面的不同状态也产生三种球路：右推直球、右推左曲球、右推右曲球。

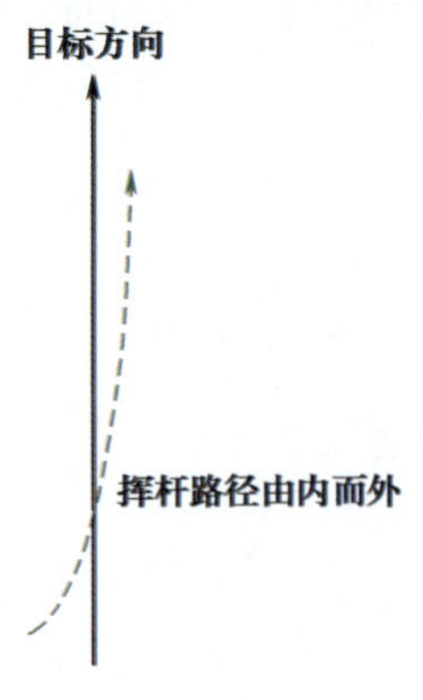

图5-5-5 挥杆路径

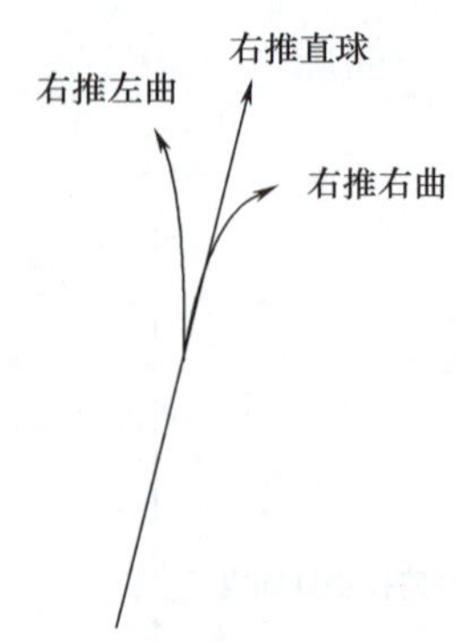

图5-5-6 三种球的飞行路线

相对此时的挥杆路径：

◇击球瞬间杆面方正，球将直接飞向目标右侧，称之为右推直球（push）。

◇击球瞬间杆面关闭（close），球将先直接飞向目标右侧，再向左弯曲飞行，称之为右推左曲球（pushed hook）。

◇击球瞬间杆面开放（open），球将先直接飞向目标右侧，再向右弯曲飞行，称之为右推右曲球（pushed slice）。

虽然按球的飞行路线可以分为九种，但是建议练习者熟练由内到内（in-side-in）的挥杆路径，将保持杆面方正的直线球为主要练习内容，辅以左曲球和右曲球的练习。

思考题：

一、临场策略的制定原则是什么？

二、攻击球洞区的临场策略应该如何制定？

三、面临困难打位，“救球”的第一要务是什么？

四、球道沙坑与球洞区沙坑的救球方式有什么区别？

第六章

高尔夫运动专项训练

第一节　高尔夫运动的特点

高尔夫运动是一项技术难度大、运动要素丰富、易受多种因素影响的个人项目，是可以归结为“体、心、智能”的一项运动。高尔夫球运动入门简单，但是要想达到专业或业余的高水平是非常不容易的，需要经过大量的专项训练来掌握合理的运动技术，包括提高专项身体素质、锻炼高尔夫专项心理素质、掌握与运用高尔夫规则、锻炼高尔夫思维与战略等方面。

一、应具备良好的身体素质

高尔夫运动员的身体素质主要包括力量、耐力、灵敏、柔韧这四大方面。高尔夫运动的力量素质主要是速度力量，也就是俗称的爆发力，良好的爆发力才能更有效地提高挥杆的杆头速度，从而才能打出更远距离的球。高尔夫运动的耐力素质主要体现在身体在长距离走动及发挥稳定的挥杆方面，以及在冷热风雨等自然条件影响下身体能力的稳定性。灵敏方面会直接影响运动员的技术水平，以及合理发挥技术的水平，也是运动员对球位、场地等方面灵活处理能力的良好基础。柔韧素质对高尔夫运动员非常重要，会直接影响身体扭转及挥杆的幅度，直接影响击球的效果。

二、掌握合理的高尔夫技术难度大

高尔夫运动的挥杆击球过程中，身体运动幅度大，加上球杆长度，杆面小、球小等因素，使得扎实准确地击球是一件有很高技术难度的事，再加上在场地中球场坡度、草的状况、风的因素、障碍的因素等多方面的影响，使得把球击到合理的位置变得难上加难。在高尔夫运动中，非常能够体现差之毫厘谬以千里的哲学意义。

三、具备球的综合判断与处理能力

要打好高尔夫球，日常刻苦训练基本技术动作是基础。在打球过程中，每个球都是一个思维、综合判断、决策与实施的过程，因此高尔夫运动是一项思维性的运动。每一杆的击球都涉及个人技术的稳定情况、场地情况、障碍情况、风或雨、球杆的选择、挥杆的方法、落点的选择、下一杆的攻略、进攻还是求稳等方面的因素，并且要非常注重细节。此外精力要充沛，身体、精力、心理等方面的重大波动都会直接影响击球的效果，可以说高尔夫球是一个非常“脆弱”的一项运动。在打球过程中也要自己当裁判，了解规则、掌握规则是打高尔夫球的基础要素之一，一方面能够合理处理球，避免罚杆，合理利用规则以利于自己击球，另一方面也是对高尔夫球运动的尊重，体现绅士运动的必然要素。

四、具备良好的心理素质

高尔夫球运动要注重细节，心理素质方面的因素显得更为突出。高尔夫的专项心理素质主要体现在心理状况的稳定性、自我情绪的控制、对心理波动的调整能力、对外界干扰的抵抗力等方面。在击球过程中，运动员的思想、情绪的波动，内在反应就是大脑皮层脑电波的波动，脑电波的异常波动会直接影响运动神经对机体的控制，会影响肌肉收缩或舒张的状况，直接会影响击球的效果。

第二节 高尔夫运动训练的内容

高尔夫的运动训练紧紧围绕着高尔夫的运动技术特点，分为身体素质的训练、心理素质的训练、技术素质的训练等。

一、身体素质的训练

身体素质的训练主要是发展运动员的速度、力量、耐力、柔韧、灵敏等运动素质，这是提高和保持运动成绩的基础。高尔夫运动对身体素质的要求非常高，它对运动员打球的远度和准确性，以及对身体力量的控制、爆发力、耐力、柔韧性等都有很高的要求等。

高尔夫运动主要运用的身体肌肉群包括整个上肢肌肉、下肢肌肉、核心肌群，具体包括竖脊肌、腹直肌、腹内斜肌、腹外斜肌、前锯肌、背阔肌、三角肌等等，对不同的肌群所使用的训练方法各有不同。

（一）上肢力量训练方法

1. 俯卧撑练习。要求：两手撑的位置靠近腹部，身体保持在一个平面，支撑快起、慢落，身体不要塌腰，每组10~15次。

2. 立卧撑练习。要求：做俯卧撑时，身体不要接触地面，撑起的同时收腹站立，其他和俯卧撑要求相同，每组10~15次。

3. 举哑铃练习。要求：两脚自然站立，上体正直，挺胸抬头，两臂屈臂快举、慢落。下落时两肩打开，每组10~15次（重量适宜）。

4. 哑铃扩胸练习。要求：两脚自然站立，上体正直，两臂平举伸直扩胸，身体不要前后晃动，每组10~15次（重量适宜）。

5. 哑铃臂屈伸练习。要求：两臂同时或交叉进行，上体保持正直，每组10~15次（重量适宜）。

6. 杠铃挺举练习。要求：两脚自然开立或与肩同宽，提拉翻腕时，肘关节向前方抬起，挺举时可以并步或跨步挺，每组10~15次（重量适宜，注意安全）。

7. 杠铃抓举练习。要求：两脚与肩同宽，两手握杠宽于肩，提拉同时迅速翻腕、后伸顶肩举起，每组5~10次（重量适宜）。

8. 杠铃卧推练习。要求：两手握杠稍宽于肩，推时快起、慢落，每组10~15次（重量适宜，保护帮助完成）。

9. 引体向上练习。要求：双手正握杠，握杠的宽度与肩同宽即可，身体不要左右摆动，每组10~20次。

10. 双杠臂屈伸练习。要求：选择低双杠，练习时身体与地面保持垂直，每组5~10次。

11. 双杠支撑摆动练习。要求：低杠进行，支撑摆动时两臂直臂摆动，身体摆动高度超过杠面即可，每次摆动10~15次（注意安全）。

12. 组合器械练习。要求：利用组合器械发展上肢力量练习，根据身体素质情况分组，练习次数保持在10~15次均可。

13. 角力练习。要求：两人一组，分别站在横线后，双方可以推拉，迫使对方失去平衡，如有一方有一只脚离地就算失败，两手交换进行。

14. 抛投实心球练习。要求：练习时认真，合理分组，注意安全，每组20~40次。

15. 推小车游戏练习。要求：两人一组，推车人不要用力向前推，或左右拖拉，每次练习的距离不要太长，10~15米，速度也不要求一致，可多轮换。

16. 横绳拔河练习。要求：画三条间隔3米的平行线，粗绳一根，长度根据学生多少分成两组，双方力争把绳拉过背后3米线，先到者为胜。

17. 抓空拳。作用：发展手的抓握力量。两手五指自然分开，然后用力由五指开始向手心慢慢用力抓握成拳，反复多次，感到手酸抓不住为止。

18. 支撑倒立。作用：锻炼肩部肌群。两手撑地，后脚跟靠墙做手倒立。倒立时直臂、顶肩、保持身体直立、紧张，尽量延长时间，可有人配合、扶持。

19. 哑铃直臂扩胸。作用：锻炼胸大肌、三角肌、斜方肌。两脚开立与肩同宽，身体直立，手持哑铃成前臂前平举，两臂分开向后扩胸到最大限度，还原成前平举姿势，上体尽量不动。

20. 哑铃直臂上举。作用：锻炼上臂肌三角肌。两脚开立与肩同宽，身体直立，两手持哑铃于体侧经体前上举。然后经体前落下，上体尽量不动。

21. 哑铃侧平举。作用：锻炼三角肌、斜方肌。两脚开立与肩同宽，身体直立，两臂下垂，手持哑铃直臂向上侧平举后落下还原。

22. 杠铃、哑铃屈臂。作用：锻炼肱二头肌、肱肌等。两脚开立与肩同宽，身体直立，两臂下垂反握杠铃或哑铃，上臂固定于体侧，小臂向前屈举，尽量靠近胸部落下。

23. 杠铃推举。作用：锻炼肱三角肌、胸大肌、三角肌。两脚开立与肩同宽，两手握杠翻握于颈前或颈后，用力向上推举至两臂伸直。推举宽握有利于发展胸大肌、三角肌，窄握有利于发展肱三头肌。

24. 屈体斜拉杠铃。作用：锻炼背阔肌。两脚开立与肩同宽，身体前屈，两臂下垂，手握杠铃用力提拉杠铃到腹部，并经胸前向前斜下方推送至原位，尽量靠近身体，下推时杠铃触地。这些锻炼方式都可以加强上肢的力量，但要注意的是，在利用器械进行锻炼的时候，一定要有人在身边进行保护，以免锻炼过程中的疏忽导致严重的后果。

（二）下肢力量训练方法

1. 负重提踵，即背负着重物提脚尖。向上提踵时要爆发，迅速向上提，在最高点定1~2秒，然后慢慢下落。

2. 蛙跳。在水泥地跳，在沙地或小腿承重情况下练习。

3. 负重深蹲。根据个人能力，扛着杠铃，做深蹲，和提踵一样，快起慢落，腰挺直。

4. 拉跟腱。找台阶，脚尖站在上面，和提踵一样，使劲向上顶，然后慢慢落下，落下时脚后跟一定要尽量碰到地。

（三）几种常见器械训练举例演示

选择适宜的负荷量，最好采用10负荷原则，主要发展速度力量，每组10~15次，一般要练习三组，要快起慢下，负重后要练习高速冲拳或高抬腿跑，保持动作的运动频率。在个人进行的专项身体素质练习时，采用组合器械练习是比较安全的，可行性和实用性都很高（见图6–1至图6–12）。

图6–1　胸推力量练习

图6–2　上肢卧推力量练习

图6–3　肱二头肌力量练习

图6–4　肱三头肌力量练习

图6–5　上肢下拉力量练习

图6–6　上肢水平拉力练习

图6-7 上肢扩胸练习

图6-8 核心力量练习

图6-9 腹肌力量练习

图6-10 背肌力量练习

图6-11 大腿力量练习

图6-12 下肢深蹲力量练习

高尔夫球运动专项要加强腰、背、手臂（特别是三角肌和肱二头肌）力量练习，并且同步发展小肌肉群，增强身体控制能力，具备良好的平衡、协调能力。高尔夫球是一个比较敏感的运动，要求感觉细腻，空间感位置感好，肩和腰等部位的柔韧和活动范围都要比较好。

二、心理素质的训练

心理因素对运动有重要影响。与许多竞技项目不同，高尔夫与其说是一场与别人的对抗，更像是一次自己与自己的较量，它需要足够的耐心和专注，可以锻炼一个人独立思考的能力，培养一个人积极进取的心态。有人形容高尔夫的18洞就好像人生，障碍重重，坎坷不断，然而一旦踏上了球场，你就必须集中注意力，独立面对比赛中可能出现的各种困难，学习如何通过缜密的思考去做出正确的判断，从而找到解决方案，并独自承担一切后果。也许，常常还会遇到这样的情况：你刚刚还在为抓到一个小鸟球欢呼雀跃，下一刻大风就把小白球吹跑了；你才在上一个洞吞了柏忌，下一个洞你就为抓了老鹰而兴奋不已。在高尔夫球场上，短暂的领先并不代表最终的胜利，而一时的落后也不意味着全盘失败，只有凭借毅力坚持到底，才有可能成为最后的赢家。好的心理素质应该是：能独立处理问题，能调节情绪与心境，直面挫折，抵御压力，保持积极进取的心态去应对每一次挑战。

（一）高尔夫球手应具备的心理素质

1. 高尔夫球手的界定。这里提到的高尔夫球手是指经过多年的系统训练，具有较高高尔夫技术和战术水平，较为成熟的、职业的或业余的高尔夫运动的从事者。

2. 心理素质的概念。心理素质是个体人格的力量和强度。心理素质的强弱和好差可以从“抗压能力”（即挫折耐受力）和“抗拉能力”（即抗心理冲突能力或选择能力）两个方面进行理解。关于个体的心理素质，相关学者有多种论述。比如：个体的素质包括自然素质、心理素质和社会素质；心理素质“乃是一系列稳定的心理特点的综合”，它的内容包括“智力素质”（观察力、记忆力、想象力、思维力、注意力）和“非智力素质”（包括动机、兴趣、情感、意志、性格）。通常我们讲某人的心理素质不是智力因素中的智商或能力，而是指他的非智力因素。良好的心理素质主要包括理性的认知观念、恰当的情感调控、良好的性格特征、良好的人际关系以及健全的自我意识等几个主要方面的内容。

3. 高尔夫球手应具备的心理素质。世界球王本·霍根（Ben Hogan）说：“打高尔夫球80%靠智慧，20%靠体力（挥杆）。”杰克·尼克劳斯（Jack Nicklaus）说：“在进行推杆的时候，要排除一切杂念。”彼得·柯尔斯蒂（Peter Korsty）说：“高尔夫成功的要素，按顺序来说为心和挥杆，好的挥杆只占了成功的20%。基本上，在球场上的每一个人动作都很好，因此赢家必须具有冠军的心。”

优秀的高尔夫球手应该具备全面的身心素质，高尔夫运动可称为是“体心智能”的运动项目，这里的“体”是指挥杆，“心”是指心理素质的非智力因素，“智能”是指球手的智力因素。高水平的高尔夫球手在比赛过程中心理素质是起到决定性的影响因素，包括心理素质的智力因素和非智力因素。高尔夫球手的智力因素会影响球手对高尔夫技术的学习、对球的处理判断、对各种影响击球效果因素的计算以及击球方法的选择等方面；非智力因素会影响球手职业生涯的设计、抗挫折的能力、情绪的有效调控、合理技术的发挥等方面。

（二）高尔夫球手的心理诊断

1. 诊断内容。要想解决球手的心理问题，首先要知道球手存在哪些问题，结合高尔夫球运动的特点，应该对球手进行以下几个方面的检测：

（1）智力水平。包括智商以及综合文化知识，其中哲学、基本物理学、生理学是重点。

（2）心理的非智力素质。主要包括动机、兴趣、情感、意志、性格等方面，其中一定要注重球手的主体遗传素质，包括运动员的神经类型、智力品质、反应速度、肌肉类型等方面，这些素质主要取决于其先天的遗传因素，并制约着运动员的后天发展。

2. 具体心理素质的诊断方法。

（1）心理量表诊断法。目前，在体育科研中按照心理量表的使用频率排序为：卡特尔十六种个性因素测验（16PF）、状态—特质焦虑问卷（STAI）、症状自评量表（SCL–90）、运动竞赛状态焦虑量表（CSAI–2）、艾森克个性问卷（EPQ）、运动竞赛焦虑测验（SCAT）、80.8神经类型测验（80#8）、韦氏智力量表（WAIS–R）、运动成就责任认知问卷（SAR）。

（2）日常观察法。根据球手日常生活、训练、比赛等方面的表现，特别是特殊情况的处理来分析、判断球手特有的心理素质情况。

（3）访谈法。可有计划地同球手结合适当的主题进行交谈来诊断球手的心理素质状况。

（三）高尔夫球手心理素质的训练方法

1. 注重因材施教。

2. 要注意心理训练要从小抓起，持之以恒。

3. 注重环境和教育对球手的影响。

4. 日常训练的情景化模拟训练法。

5. 比赛训练法。

6. 完整技术流程训练法。

三、技术素质的训练

高尔夫球技术是高尔夫球运动发展中的三大要素之一。素质是基础，技术是关键，高尔夫运动对技术要求很高，这里面介绍些高尔夫核心技术原理。

（一）挥杆击球的技术原理

高尔夫挥杆击球的能量来源于挥杆过程中的离心力，其基础是流畅的挥杆和合理的挥杆平面。

（二）高尔夫挥杆是双支点运动

高尔夫运动在上杆和下杆过程中遵循双支点能够合理发挥身体的综合效果，重心的转移会为挥杆带来重要能量的规律，在此过程中上杆和下杆分别为两个不同的脚来支持（特殊打法除外）。以右手击球为例，上杆时是右脚支持，下杆击球时是左脚支持，如果顺序不正确，球的飞行就会出现异常。

（三）上杆与下杆的合理顺序

为了能够发挥身体的能量，在上杆和下杆时重心的转移是个难点，根据身体形态可分为上部、中部、下部，上杆旋转时的顺序是上、中、下；而下杆过程应该是下、中、上，这样会带来更大的扭力，为杆头带来更大的挥速，这是挥杆击球的关键要素之一。

高尔夫球技术是高尔夫球运动发展中的三大要素之一。素质是基础，技术是关键。运动员技术的正确定型和运用能力非常重要。高尔夫的技术练习主要包括练习场练习和下场练习。练习场练习主要是针对基本的挥杆技术进行的专门练习，可采用大量的练习球和重复练习方法来学习和巩固各种挥杆技术，这是高尔夫技术练习的重要内容。练习场练习分为打击垫练习、真草练习和模拟器练习。打击垫练习由于缓冲较好，能够使打得较差的球也表现出较好的飞行效果，但不能反映出挥杆技术的真实水平；在打击垫练习较为稳定的前提下，如有条件可进行真草击球练习，使挥杆与击球更接近实际球场情况。在练习场练习较为成熟的前提下可进行室内模拟器练习或下场实际进行练习。通过下场练习，会发现技术和心理多方面的不足，然后再回到练习场进行专门练习，然后再采用下场练习与练习场练习兼顾的模式。在工作学习较为繁忙的时候，有空可多打练习场地。在北方，冬季是打练习场地的主要季节，有条件的可多打室内模拟器练习。

此外，初学者练习场练习应注意以下事项：

1. 必要的运动着装。练习场练球的着装可适当自由些，没有下场打球要求得那么高，但是，从运动安全与舒适方面考虑，还是要穿运动装。鞋子应该穿高尔夫专用鞋，一方面是由于高尔夫击球过程有大量的重心转移单脚支持动作，专业高尔夫鞋对脚具有良好的保护与支持作用；另一方面，脚也要适应高尔夫鞋，避免到下场击球时不适应，要形成整体的动力定型。初学者应佩戴双手的手套，以帆布的、通气效果好的为主，由于初学者合理的发力动作还没有建立，手握杆的方法与稳定性不够，容易造成局部严重摩擦而损伤。

2. 准备活动要充分。在练习击球前，应该做好全身充分的热身，保证关节与肌肉充分活动开，避免拉伤。

3. 注意练习节奏。练习时先进行短杆小幅度空挥练习，然后全挥杆练习，短杆小幅度击球练习，短杆全挥杆击球练习，然后不断增加杆的长度进行练习。初学者的全挥杆击球数量应保持在200粒左右，或观察手部磨损的程度来定，一定避免手部的损伤。

4. 学会思考。高尔夫是个思维性的运动，击打20~50个球后就应该暂停下来分析、思考、总结一下自己动作技术的状况，如有问题找一下原因，不要只是一门心思地击球。

5. 标准技术动作与个人技术动作。高尔夫运动对技术的要求较高，在练习过程中，自己的球可能会出现问题，主要是对技术动作没有完全掌握。不要为了一时的击球效果而通过改变合理球位、不正常上杆等方面来追求击球效果；要自己分析出问题的原因或请教教练或老师来进行科学合理的调整。

6. 注意放松。当能够适应大量击球后，在炎热天气练球时也要注意适当休息，休息时应摘下手套让手通风，并适当按摩，避免大强度地挥杆造成手背静脉瘀血。练习结束后要适当进行全身拉伸放松。

第三节　高尔夫运动损伤及康复

一、运动损伤及处理

什么是运动损伤？ 在体育运动过程中所发生的各种损伤统称为运动损伤。运动损伤与一般的工伤或日常生活中的损伤有所不同，它的发生与运动项目、训练安排、运动环境、运动者的自身条件以及技术动作有密切的关系。

运动损伤对运动员所造成的影响是严重的，不仅影响正常的训练、比赛，妨碍运动成绩提高，减少运动寿命，严重的还可能引起残废甚至死亡。对体育健身参加者来说，也将影响其健康、学习和工作，对其造成不良的心理影响，妨碍体育健身的正常开展。

因此，在体育健身中，我们对运动损伤的预防应有充分的认识，需要很好地掌握运动损伤的发生规律，切实做好预防工作，最大限度地减少或避免运动损伤。同时，还应了解和掌握一些体育健身运动中常见的运动损伤的产生原因、预防与处理方法，从而使体育健身健康安全而富有成效。

（一）造成运动损伤的原因及预防方法

1. 造成运动损伤的原因。身体某部的解剖弱点及运动技术上的特殊要求，可以构成发生运动损伤的可能，此外尚需有一些直接的条件才能引起损伤。这些条件主要有下列四个方面：

（1）训练水平不足。训练不够不仅影响成绩，而且常常是致伤的重要原因。

（2）比赛、教学或训练课组织不当。如缺乏医务监督（让有伤病或过度训练的运动员参加运动），不遵守训练原则，缺乏保护，竞赛组织安排不当（如比赛路线、时间的选择、项目次序的安排等），场地器材不合卫生要求，保护服装的损坏和不合要求等，都可能导致运动损伤。

（3）运动员生理状态不良，如疲劳、病后、精神紧张、掌汗或胼胝等。

（4）不良的气候因素或突变的环境因素，如雨后路滑，光线不足，气温过高或过低，时差因素，海拔高度变化等。

2. 运动损伤的治疗原则。

（1）合理安排伤后训练。这是治疗运动损伤的首要内容，其意义在于保持运动员在训练中已经获得的训练效果，一旦伤愈即能迅速投入正规训练，可以防止因伤后突然停训而引起的“停训综合征”。伤后训练可以通过肌力练习防止伤部肌肉萎缩，加强关节稳定，加速血液循环，改善伤部组织代谢与营养，消除粘连，刺激生长，缩短修复时间，还可以使伤部得到适当休息。运动员受伤后应尽量避免完全停止训练。为达到合理安排的目的,必须采用“三结合”的工作方法，即医生首先根据伤情、损伤机理、解剖弱点等提出应避免或减少哪些动作，应加强哪些肌肉的练习，接着教练员提出全面及伤部训练的具体计划交运动员研究试用，并详细记录其反应，最后再共同修改制订新的计划。只有这样反复实践，才能使计划较为科学。

（2）使用支持带及保护带。其目的是防止再伤和保护已伤关节的稳定，使运动员能迅速投入训练。

（3）局部治疗，如按摩、理疗、外敷药、局部封闭，对止痛、改善伤部代谢、消除水肿、加速愈合、消除疤痕粘连与萎缩等均有一定效果，但采用必须适时适当。如系严重损伤，应根据情况采用手术或非手术治疗，如石膏或夹板固定等。

（4）注意全身治疗。运动损伤的发生常与全身状态不良有关，治疗时也应注意全身状态的改善，必要时补给维生素B1、C、E等。

3. 运动损伤的预防。有效预防运动损伤，须注意以下方面：

训练方法要合理。要掌握正确的训练方法和运动技术，科学地增加运动量。对于不同性别、年龄、水平及健康状况的人，训练时在运动量的安排上应因人而异、循序渐进。例如，对于年龄小的人，在训练内容上应把全面身体训练和专项身体训练结合起来，并以全面身体训练为主；在运动量的安排上应考虑到他们的生理特点，与成年人比较起来训练时间要短些，强度、密度要小些。

准备活动要充分。在实际工作中，我们发现不少运动损伤是由于准备活动不足造成的。因此，在训练前做好准备活动十分必要。准备活动可以提高中枢神经系统的兴奋性，克服机体机能活动的生理惰性，为正式练习做好准备。准备活动能增加肌肉中毛细血管开放的数量，提高肌肉的力量、弹性和灵活性，同时可以提高关节韧带的机能，增强韧带的弹性，使关节腔内的滑液增多，防止肌肉和韧带的损伤。在进行准备活动时，既要躯干、肢体的大肌肉群和关节充分活动开，同时也要注意各个小关节的活动。准备活动还应增加一些专项素质的内容。

注意间隔放松。在训练中，每组练习后为了更快地消除肌肉疲劳，防止由于局部负担过重而出现的运动损伤，组与组之间的间隔放松非常重要。一些运动员在间隔时间内往往站在一旁不动或千篇一律地做些放松跑，这样并不能加快机体疲劳的消除，再进行下组练习时还易出现损伤。由于各个项目的练习内容不同，间隔放松的形式也应有所区别。例如：着重于上肢练习的项目，在间隔时间可做些放松慢跑；着重于下肢的项目结束后，可以在垫子或草地上仰卧，将两腿举起抖动或做倒立。这样一方面可以促进血液的回流，改善血液的供给，另外也能使活动肢体中已疲劳的神经细胞加深抑制，得到休息，对于消除疲劳及防止运动损伤有着积极意义。

防止局部负担过重。训练中运动量过分集中，会造成机体局部负担过重而引起运动损伤。例如，膝关节半蹲起跳动作过多，易引起髌骨损伤；过多地练习鸭步可引起膝内侧副韧带及半月板的损伤。在训练中应避免单调片面的训练方法，防止局部负担量过重。

加强易伤部位肌肉力量练习。据统计，在运动实践中，肌肉、韧带等软组织的运动损伤最为多见。因此，加强易伤部位的肌肉力量练习，对于防止损伤的发生具有十分重要的意义。例如，加强股四头肌力量的练习可以防止膝关节损伤，而防止肩关节损伤则应加强三角肌、肩胛肌、胸大肌和肱二头肌的练习。

除上述几条以外，搞好医务监督、遵守训练原则、加强保护、注意选择好训练场地，也是预防运动损伤的重要内容。

（二）运动损伤急救

这里介绍两种常见的运动损伤的简易急救技术。

1. 止血。出血可分为外出血和内出血两种。在开放性损伤中血管因受伤破裂，而致血液自伤口向体外流出称外出血。这里介绍外出血的止血法：

（1）加压包扎法。小的外伤、毛细血管或小静脉出血，流出的血液易于凝结，在伤口部盖上消毒材料，然后用三角巾或绷带加压包扎即可。

（2）指压止血法。一般用于动脉止血，即用手指将出血动脉的近心脏端用力压向其相对的骨面，以阻断血液来源而达到临时止血的目的。

（3）止血带止血法。四肢大动脉出血，不易用加压包扎或指压法止血时，可用止血带（橡皮带或其他代用品）缚扎于出血部的近心脏端。应用止血带，不能直接压在皮肤上，先要在上止血带的部位用三角巾、毛巾等软物包垫好，将伤肢高抬，再扎上止血带，其松紧度以能压住动脉血流为原则。缚后以肢端蜡色为宜，如果呈紫红色则以能压住动脉血流为原则适当放松，如系上肢应每隔20~30分钟，如系下肢应每隔45~60分钟放松一次。凡上止血带后的伤者，必须记录上止血带的部位与时间，并迅速送医疗单位。

2. 包扎。包扎有保护伤口、减少感染机会、压迫止血、固定骨折和减少伤痛的作用，是损伤急救的主要技术之一。包扎常用的材料有绷带、三角巾等。现场如果没有这些材料，亦可用毛巾、衣物等代替。包扎动作应力求熟练、软柔，松紧应适宜。这里介绍以绷带为材料或类似绷带材料的几种包扎法：

（1）环形包扎法。常用于肢体较小部位的包扎，或用于其他包扎法的开始和终结。包扎时打开绷带卷，把绷带斜放伤肢上，用手压住，将绷带绕肢体包扎一周后，再将带头和一个小角反折过来，然后继续绕圈包扎，第二圈盖住第一圈，包扎3~4圈即可。

（2）螺旋包扎法。即绷带卷斜行缠绕，每卷压着前面的一半或1/3，此法多用于肢体粗细差别不大的部位。

（3）反折螺旋包扎法即做螺旋包扎时，用一拇指压住绷带上方，将其反折向下，压住前一圈的一半或1/3，多用于肢体粗细相差较大的部位。

（4）“8”字包扎法。多用于关节部位的包扎。在关节上方开始做环形包扎数圈，然后将绷带斜行缠绕，一圈在关节下缠绕，两圈在关节凹面交叉，反复进行，每圈压过前一圈一半或1/3。

二、高尔夫运动常见运动损伤及处理方法

（一）肌肉韧带拉伤

内因：训练水平不够，柔韧、力量、协调性差，生理结构不佳

外因：准备活动不充分，场地、气温、湿度、上课内容不好，教练专业水平不够。

预防：选教练、场地及适当的课程，在正常天气情况下锻炼，准备活动

充分，循序渐进。

处理：24小时前为急性期，处理方法：停止运动、冷敷、包扎、抬高受伤部位。24小时后为恢复期，配合按摩、微动、康复或恢复性锻炼。

（二）关节扭伤

内因：技术掌握不好、协调性差，关节周围肌肉力量小、生理结构不佳、疲劳导致体力不足。

外因：准备活动不够，场地滑，器材使用不当，教练、内容不好（动作速度快、转、跳多）。

预防：准备活动充分，了解设备使用，循序渐进，让教练或自己速度放慢。

处理：24小时前为急性期，处理方法：停止运动、冷敷、包扎、抬高受伤部位。24小时后为恢复期，配合按摩、微动、康复或恢复性锻炼。

（三）运动疲劳

表现：心悸、心动过速，运动后血压、脉搏恢复慢，内脏不适、血尿等。人发冷多汗，脸色白或红，头痛、头晕、身虚、筋疲力尽。

原因：训练方法不对，不循序渐进，运动量过大、训练时间过长、休息不充分等。

预防：安排合理的训练时间、计划，注意劳逸结合。

处理：调整锻炼计划，运动量须循序渐进，进行系统训练、全面训练。

（四）重力性休克

表现：头晕、眼发黑、心难受、脸苍白、手发凉，严重时晕倒。

原因：运动时血液都供应下肢，突然停止运动时静脉血回流不够，脑缺血缺氧，产生脑贫血。

预防：强度运动后，不要马上停止运动。

处理：让患者平卧，脚垫高、头低于脚，从小腿顺大腿按摩。

（五）肌肉痉挛

表现：腿和腹部的疼痛和抽筋现象。

原因：经常在冷的地方锻炼，喝冷饮料，不做伸展运动和按摩，不喝盐水会使病情更严重。

预防：注意选择良好的锻炼环境，准备活动要充分。

处理：休息，让练习者到良好的环境去放松、休息。

（六）运动腹痛

原因1：肝脾瘀血，慢性腹部疾病。

原因2：呼吸肌痉挛（准备活动不够，肺透气低，运动与呼吸不协调）。

原因3：胃肠痉挛（运动前吃得过饱，饭后过早运动，空腹或喝水太多）。

预防：运动前健康检查，合理安排运动饮食，吃饭前后1小时运动，不空腹或喝水太多。

处理：减慢运动速度，加深呼吸、调整运动呼吸节奏，手按疼痛部位，实在不行停止运动，口服减痉挛药物（阿托品、十滴水）。

（七）脚底筋膜炎和神经刺痛

原因：脚底频繁压力过大产生的疼痛，原因是套路不适合、鞋子问题、脚的生理结构不好。

预防：准备活动要充分（包括脚部的准备活动）。

处理：注意放松休息，辅以适当按摩、热水澡。

（八）肌腱、小腿肌痛

原因：经常提脚跟造成的。

预防：运动前后的准备活动和放松要多伸展肌腱、小腿肌。

处理：注意放松休息，按摩、热水洗，伸展练习减轻疼痛等。

（九）半月瓣症

原因：半月瓣症一般由过度膝部动作、跑步造成，半月瓣症常会有“咔”的响声。

预防：减少过多的膝部动作，减少转体、跳等撞击动作。

处理：注意放松休息，按摩，热水洗。

（十）关节炎、黏液囊炎

原因：过度训练。

处理：休息和看医生。

骨关节炎是由于软骨的磨损，使关节肿大、水肿。

（十一）腰肌劳损

原因：练习方法不当（如仰卧起坐时不屈腿）、急于求成而致疲劳损伤。

预防：学习正确的动作技术，不急于求成。

处理：注意放松休息，按摩，热水澡。

（十二）颈椎疾病

原因：练习方法不当（如仰卧起坐时不抱颈）、颈部运动过多而疲劳损伤。

预防：学习正确的动作技术，颈部运动不要过多。

处理：注意放松休息，按摩，热水澡。

（十三）胫骨膜炎

表现：胫骨前骨膜与骨有剥离的感觉，产生疲劳、酸痛。

原因：练习方法不当，地面不平，小腿的肌肉发展不平衡，突然的压力。

预防：学习正确的锻炼方法（如不要长时间的连续跳跃动作、上下踏板动作）。

处理：注意全面锻炼，练习后要放松休息，适当按摩，热水洗，做伸展练习减少疼痛等。

第四节　高尔夫运动训练的基本原则

高尔夫运动训练的原则是依据运动训练活动的客观规律而确定的组织高尔夫球训练时应遵循的一些基本原则，是运动训练活动客观规律的反映，对高尔夫运动的训练具有重要的参考价值和指导意义。

一、一般训练与专项训练相结合的原则

（一）一般训练与专项训练的理论依据

一般训练是指在运动训练中以多种多样的身体练习、方法与手段，提高运动员各器官系统的机能，全面发展运动员素质，改进身体形态，掌握一些非专项的运动技术和理论知识的训练。专项训练是指在运动训练中以专项运动本身的动作，以及与专项运动本身动作在特点上相似的练习，提高运动员专项运动素质，掌握专项运动的技、战术及理论知识的训练。

一般训练是专项训练的基础，专项训练是提高运动成绩的根本保证。专项训练水平的提高，在一定程度上讲也是一般训练水平提高的结果，专项训

练成绩的提高是重要的，但必须以一般训练作为基础。一般训练和专项训练是互相弥补、互相渗透的。一般训练的主要目的是根据专项运动的需要，为运动员提高专项运动素质、技战术水平，创造优异成绩打好基础。专项训练的目的是为了提高专项运动员的运动成绩，两者的最终目标是一致的。在一般训练水平较高的情况下，也必须同时进行专项训练，即把一般训练和专项训练有机地结合起来。这是因为：

1. 人体是一个统一体，运动时各器官系统是紧密联系的，通过一般训练和专项训练的结合，可使机体的各个器官系统机能产生更强的适应性变化，这种适应性变化又依赖于有机体机能的全面改善和提高。专项训练本身对运动员身体机能的影响是具有一定局限性的，所以采用一般训练可以弥补专项训练在这方面的不足，为提高运动成绩打下一个良好、全面的基础。

2. 各项运动素质的发展是互相影响、互为促进的。有些运动员力量素质很好，但是一般耐力素质相对差，而一般耐力差，高负荷长时间的专项训练就难以保证。若要全面发展运动素质就必须进行一般训练，这样才有助于专项素质的提高。

3. 只进行较为单一的专项训练很容易引起机体和中枢神经系统的过度疲劳，一般训练较为多样，可以帮助运动员平衡发展身体的肌肉力量，并且可以起到调节中枢神经系统的作用。

4. 专项训练是直接有效地提高专项运动成绩，是提高专项运动技术的根本。如果离开专项训练而只进行一般训练，一般训练就失去了应有的意义，更谈不上提高专项运动成绩了。

（二）一般训练与专项训练的实践效果

在运动训练过程中，训练原则的选择以及训练计划的制定是一个复杂过程，在选择一般训练与专项训练相结合的原则、制定训练计划的过程中必须考虑到下列因素：①运动员的年龄特征；②性别特征；③运动员专项成绩的高低；④训练时期的不同；⑤一般训练与专项训练的预期目标。

在运用一般训练与专项训练相结合的原则时，首先对于一般训练内容、手段的选择要适应专项运动发展的需要，反映其专项的特点，与专项结合非常紧密。要有针对性地选择那些既有效地提高身体机能水平，全面发展身体素质，又能促进运动员掌握专项技术的一些练习。

任何训练原则、内容、手段，都是为了使训练更恰当和适合于比赛，训练的最终目的是在比赛中取得优异的运动成绩，即提高运动成绩。所以，在运用一般训练与专项训练相结合的原则时，应考虑到两者安排的比例问题，不同时期一般训练和专项训练所占的比例也不相同。一般来说，训练准备时期一般训练多于专项训练，比赛时期则专项训练多于一般训练。不同时期的一般训练与专项训练的比例是由各个时期训练的目标和任务决定的。例如，年龄小的运动员在训练的最初阶段要考虑到身体尚未发育成熟，不可能承受过大的运动负荷，应多进行全面的一般性训练，均衡发展各方面的身体素质，为日后的专项训练打好基础，过早地对小运动员进行专项化训练是极不恰当而且危险的。

二、系统不间断性原则

系统不间断性原则是运动训练的原则之一。它是指从少年儿童的早期训练，到成年人的训练，整个训练过程中都要系统地、不间断地进行。贯彻这一原则的基本要求是：坚持系统的多年训练，并使每次训练周期、每个阶段、每次课都有机联系起来。选择训练内容、手段和方法要考虑它们的内在联系和逻辑系统，由易到难、由浅入深地安排。训练工作的各种组织形式（如学校运动队，业余体校和优秀运动队）要层层衔接、逐级提高，科学安排训练和休息的交替，使每次训练课在运动员的机体能力得到恢复和提高（即“超量恢复”）的基础上进行。

系统的不间断性训练原则是指从初期训练到出现优异运动成绩，直至运动寿命终结的长期训练过程中，都应按照一定的顺序，持续不断地进行训练。这一定义包含了两层意思；一是必须按照一定的顺序系统地进行训练，二是从基础训练阶段到运动寿命终结都应该持续不断地进行训练。运动员训练水平的提高是一个长期的过程，通过训练，有机体在身体形态、生理、生化机能和心理方面所产生的一系列适应性的变化，也是一个由少到多、由低到高渐进积累的过程，只有持续不断地进行训练，机能状态和适应性的良好变化才能得到巩固和进一步提高。运动技术、战术的掌握，实质上是一种暂时性神经联系的建立，是条件反射、动力定型的形成，中断训练就会使已建立起的暂时性神经联系逐渐减弱甚至中断，条件反射消退，已掌握了的技战术生疏，以至产生各种错误。

不管是谁，在锻炼的过程中，都应该有计划、按步骤、不间断地进行系统的锻炼和科学的安排，只有这样，才能保证良好的锻炼效果，不断地提高锻炼水平，最后达到预定的目的。每个人都应该根据自己所确定的短期和长期锻炼目标，有计划、持续不断地参加锻炼。

进行系统不间断训练主要有以下两个方面：

1. 运动技术、战术的掌握过程实质上是建立条件反射的过程，如果训练有中断、暂时联系得不到强化，那么所掌握的技战术反而会消退。

2. 机体负荷适应反应必须不断积累，由量变到质变。时断时续的训练，非但不能积累良好的适应变化，而且会降低机能水平。

贯彻不间断训练原则的基本要求是：

1. 各级训练体制，小学、初中、高中、大学等各学制阶段，层层衔接，不要因升学、转校等原因造成训练大起大落。要制定出系统的训练大纲，各层次按训练大纲的要求完成相应任务。这就是指训练体制、训练任务、训练内容一条龙。

2. 训练全过程中，上、下节课应保证连续性，下次课的安排不能早于上次课疲劳恢复之前，也不能晚于上次课训练产生良好影响之后。

3. 避免训练和比赛过程中产生各种伤病，不致因伤病而中断或中止训练。

4. 遵循运动项目的技战术、专项素质等方面内在的逻辑联系，由易到难，循序渐进，协调发展。

三、周期性原则

周期性原则是指训练工作的安排要按照一定的周期循环往复地进行，每一个新的周期都应在原有周期的基础上提高。竞技状态的形成、相对稳定、暂时性消失，是形成训练周期的客观依据。马特维耶夫创立了“训练周期”和“超量恢复”理论,对我国运动训练理论和实践产生了深远的影响。他根据人体竞技状态具有周期阶段性形成的规律,即运动员竞技状态的形成需经过“获得”、“保持”和“消失”阶段,把运动训练过程分为准备期、比赛期和过渡期。同时,他又针对不同时期的特点提出了一整套在训练目标、任务和内容上各异的训练理论。

说到周期，就是教练把年度计划根据比赛的时间划分为几个时间长短不同的阶段，如果在一年内有2~3场高尔夫球比赛时，年度计划就应该相应的划分为2~3个大周期。在实际情况中，每个大周期的内容和目标很大程度上都是依靠运动员的身体状况和需要。各项目根据全年比赛的次数,将全年训练计划划分为几个训练、比赛周期，每个训练、比赛周期时间的长短，都应根据本年度的训练任务、全年重大比赛的次数和运动员个人的具体情况而定。每个训练、比赛周期的时间可以是2~3个月。例如，高尔夫球项目一年内有五次比赛，它们分别是在3月初、4月底、6月中、8月初和10月底，如准备参加上述五次比赛，那么便可把全年训练计划分为五个训练比赛周期，从头年11月到来年3月初为第一周期，以后几个周期类推。周期性原则的依据是竞技状态形成的客观规律，而竞技状态指运动员达到优异专项成绩所处的适宜的准备状态，是通过科学的周期化训练过程才能达到的。竞技状态形成和发展主要分为以下三个阶段：

1. 获得阶段。其中又包括：①前提条件：提高总的机能水平，全面发展运动素质，掌握专项运动的技战术，心理素质的初步培养。这个阶段好比积累营造竞技状态“大厦”的建筑材料。②竞技状态形成阶段：在这个阶段中上述前提条件形成一个整体，具有专项化特点，竞技状态“大厦”已经建成。不过，本阶段初步形成的竞技状态还不是十分稳定，在不利因素下容易破坏。

2. 相对稳定阶段。竞技状态的所有特征在本阶段得到完善、稳固，并在比赛中表现出来。

3. 暂时消失阶段。运动员不可能永远处在竞技状态中，由于活动状态和心理环境的改变，竞技状态各因素的有机联合产生反适应的消退，训练水平出现暂时下降。

从上述竞技状态形成和发展的三个阶段可以看出，这一过程必须经过严格的科学训练。经过这一循环之后，在此基础上通过调整、再训练、再提高，出现新的更高水平的竞技状态。这就是科学训练的辩证法。人们根据竞技状态三个发展阶段的规律把运动训练工作过程分为三个相应的训练时期，即准备期、比赛期和休整期。

贯彻这一周期性训练原则的基本要求是：

1. 根据高尔夫运动的运动特点和运动员自身的特点安排全年训练的周期。

2. 根据各时期的主要任务安排各种训练内容的比重和训练手段、方法以及运动负荷。

3. 认真总结前一周期的经验，为新周期的安排提供客观依据。

四、适宜负荷原则

高尔夫球训练必须遵循适宜负荷原则。适宜负荷的原则是指对机体施加的负荷刺激，既有利于提高运动能力，又能保证机能的适时适度恢复。有效的训练必须有足够的负荷，训练负荷水平适宜，才既能保证运动员的身心健康，又能达到或略超出人体最大负荷承受量，从而对机体产生良性的刺激，促使机体生理机能、运动机能明显改善，达到提高运动成绩的目的。要依据人体适应规律逐步有节奏地增加负荷，直至达到新的最大负荷。高尔夫球运动员的负荷训练须把握节奏，即大、中、小负荷相结合，使负荷作用和积极恢复协调交替。

适宜负荷可以从以下三个方面来阐述：一是运动员对负荷的适应性，即运动员承担负荷和适应负荷的程度，这是“适宜负荷原则”的首要条件。运动员是承受的主体，负荷安排是否适宜首先要看运动员身心两个方面能否接受。超过运动员接受能力的负荷，不仅不能有效发展运动员的竞技能力，而且还会不同程度对运动员身体机能造成破坏，继而表现为过度疲劳、运动损伤或疾病、缩短运动寿命甚至导致运动员夭折;二是运动负荷的有效性。教练员为运动员所设计的负荷必须是切实有效的，能提高运动员竞技能力的。适宜负荷不仅是一个负荷大小的问题，更重要的是负荷质量的问题，即教练员所安排的运动负荷是否可以达到预期的训练和比赛目标;三是负荷安排的适时性。依据“超量恢复”理论，当机能达到超量恢复时是机体接受下一次负荷刺激的最佳时机。能否抓住这一时机进行下一次训练是评价负荷安排适时性的重要标志。

适宜负荷不能只单纯从运动负荷的负荷量和负荷强度去考虑，最重要的是运动员的年龄、性别、健康状况、竞技能力以及恢复情况等因素。教练员既要根据运动员不同的性别、年龄特征、健康状况及竞技能力发展水平来制定适宜的运动负荷计划，又必须根据负荷后运动员生理、心理上的反应及恢复状况的反馈信息及时监控运动负荷。

教练员必须具备扎实的基础理论知识和丰富的训练实践经验，特别是对所从事运动项目的特点必须有深刻理解和认识，对负荷量的控制要有科学依据，把训练中的每一组、每一次练习的负荷都设计的尽可能适宜，并且对运动员产生最佳的训练效果。

训练的操作过程中最重要的一项任务是对运动员负荷反应的监控，这不仅是对生理、生化指标的监控，现代训练还要求对运动员心理的监控，其核心内容是情绪变化的监控，这一点在比赛期的训练中体现得尤为突出。

运动场上运动员的情绪反应是千变万化的。积极的情绪是昂扬、兴奋的表情流露，是一种内在欲望得以充分满足的快感；消极的情绪是低落、沮丧的表情流露，是一种内在欲望得不到满足的痛感。不适宜的运动负荷会对运动员的内在欲望造成创伤，只有适宜负荷才能激发运动员灵感和创造力，是促进他们主动接受大负荷的心理基础。所以有经验的教练员往往能根据运动员训练中的情绪变化，有针对性地对既定负荷进行适当调节，使运动负荷更合理有效。

运动员优异的运动成绩取决于系统而艰苦的运动训练，而运动训练中最关键的环节是对运动负荷的合理调控。没有适宜水平的运动负荷，要么不能发挥运动员的应激能力而提高运动成绩，要么会使运动员对运动负荷不适应造成过度疲劳。所以，对运动员施加适宜的运动负荷，使其机体能力和运动成绩不断提高是关键的问题。

五、区别对待原则

高尔夫运动是个人项目，是一项充分彰显个性的运动。在运动训练中，区别对待原则显得尤为重要。区别对待原则是指对于不同专项、不同的运动员或不同的训练状态、不同的训练任务及不同的训练条件，都应有区别地组织安排各自相应的训练过程，选择相应的训练内容，给予相应的训练负荷的训练原则。根据不同运动员训练中的个体特异性实施区别对待，是运动训练应遵循的重要原则之一。

我们都以达到较好的运动成绩为目标。在运动训练中，我们非常希望得到规律性的指导，因为规律具有普遍适用性。然而，在运动训练中大量存在着具体，是每天每时每刻产生着的鲜活的具体，要靠我们“具体问题具体分析”加以解决，特别是高水平运动员的训练都是一个具体的个案化过程，根据个体的实际情况有的放矢地训练，才能造就出一流的优秀运动员。

区别对待原则包括三个重要的方面，分别是运动专项、训练对象和训练条件。运动专项方面包括专项成绩的决定因素和专项成绩的发展规律。例如高尔夫运动需要运动员具备良好的心理素质和全面的身体素质，其项目特点决定了运动员通常要在较大的年龄才会进入最佳的竞技时期。

第二个重要方面是训练对象，每个训练对象都有不同的生物学、心理学、社会学及训练学方面的特征，这些都是实施区别对待原则时经常需要考虑的因素。在实施的过程中可以注意以下几个因素：一是因人而异，注重个性张扬。由于每个人的遗传素质尤其是社会实践活动并不相同，使每个人在个性倾向性和个性心理特征方面各不相同，形成不同的个性。个性差异不仅表现在人们是否具有某种特点上，而且还表现在同一特点的不同水平上。运动训练需要引导和挖掘，只有个性得到张扬才能造就一流的优秀运动员。二是因材施教，突出个体特点。因材施教是运动训练遵循的最直接的原则，运动员的生理、心理发展具有一定的稳定性，又有其特殊性，这就要求教练员从运动员实际出发，依据运动员的特点，有的放矢地组织训练。三是因时制宜，区分个别情况。运动员的个体差异很大，例如不同专项年限不一样，不同水平状态不一样，不同训练比赛需要不一样;同一运动员在不同时期、不同任务、不同身体机能状态等情况下的表现都是不一样的。运动训练就是要根据不同时期、不同情况、不同人员的个别情况进行有针对性的安排。

训练条件也是区别对待原则中的一个重要方面。首先应该考虑训练所处的时期和阶段。教练员应了解不同时期与阶段不同运动员的不同特点，这样可以帮助教练员根据不同的情况提出相应的训练要求，例如场地、气候、同伴、环境等都是必须考虑的因素。运动训练的重点应放在充分发展个人特点方面，而不是力图克服其短处，否则就不能展现竞技体育的魅力了。只有长处得到长足的发展，才可能把短处产生的影响降低到最小限度。运动训练的区别对待的宗旨应该是:首先是强调和发展其特点，其次才是弥补缺失，这是一个根本的指导思想，先强优后补缺，没有优根本就用不着补缺了。从对高水平运动员的训练水平形成中不难发现，他们各方面的训练水平并不是均衡的。只有个人特长得到了充分发挥的运动员，才能获得个人最佳的成绩。目前的一些“集体模式化”训练行为，教练员往往观察注意到的是后面的、一般的运动员情况，这样保证不了尖子运动员的训练效果，并且会掩盖尖子运动员的优点和长处。

第五节　高尔夫运动训练的基本方法

高尔夫运动训练的方法是提高运动水平、完成训练任务的途径和方法。它是教练员进行训练工作、完成训练任务、提高运动员竞技能力的工具。正确地认识和掌握不同训练方法的功能和特点，有助于顺利地完成训练中不同时期的不同任务，有助于科学地提高运动员的整体水平。

一、重复训练法

重复训练法是指多次重复同一练习，两次（组）练习之间安排充分休息的练习方法。通过同一动作或同组动作的多次重复，不断强化运动条件反射的过程,有利于运动员掌握和巩固技术动作；通过相对稳定的负荷强度的多次刺激,可使机体尽快产生较高的适应性机制，有利于运动员发展和提高身体素质。

构成重复训练法的主要因素有：单次（组）练习的负荷量、负荷强度及每两次（组）练习之间的休息时间。休息的方式通常采用静止、肌肉按摩或散步。

重复训练法三种类型（短时间、中时间、长时间）的负荷时间、特点、供能形式与高尔夫训练中相同因素的特点相结合，将重复训练法引入到高尔夫训练实践中，对提高高尔夫训练的科学性、实效性具有一定的现实意义。

（一）短时间重复训练法在高尔夫训练中的应用

1. 身体训练。在高尔夫身体训练中采用短时间重复训练方法，可有效地提高运动员的磷酸盐系统的储能和供能能力，提高运动员的单个技术动作或组合技术动作运用的熟练性、规范性、技巧性及完成动作有关肌肉群的收缩速度和爆发力。其应用特点是：一次训练的负荷时间短，负荷强度大,动作速度快,间歇时间充分，间歇过程多采用肌肉放松方式，以便能尽快促使机体恢复机能。高尔夫训练中身体训练应常抓不懈，注意身体训练与专项密切配合，做到身体训练技术化，为技术训练服务。

2. 技术训练。高尔夫球运动员准确、熟练、稳定地完成技术动作是获得好成绩的重要保证。在训练中采取短时间重复训练法是将技术动作的熟练性与运动素质中的速度、爆发力以及能量代谢系统中磷酸盐系统供能能力的训练融为一体，共同提高。所以，在负荷时间短、负荷强度大、动作速度快、间歇时间充分的条件下，通过多次重复技术动作来达到技术熟练，提高技术质量，有利于运动员在比赛中排除各种因素的干扰,稳定地发挥出自己应有的水平。

（二）中时间重复训练法在高尔夫训练中的应用

1. 身体训练。在高尔夫训练中采用中时间重复训练法是为了提高运动员的糖酵解供能系统的储能和供能能力以及糖酵解供能为主条件下的速度耐力、力量耐力及运动员机体的耐乳酸能力。在比赛过程中，运动员在一定时间重复几十次或上百次挥杆动作,这对运动员运动能力以及混合供能能力有较高的要求。通过不同类型重复训练，可以使运动员适应激烈比赛对身体供能系统的要求，从而取得较好的比赛成绩。

2. 技术训练。在高尔夫训练中中时间重复训练是将技术的运用与身体素质中的力量耐力、速度耐力等以糖酵解供能系统为主的供能能力的训练融为一体，使其协调发展、巩固和提高,以适应比赛的需要。

（三）长时间重复训练法在高尔夫训练中的应用

1. 身体训练。在高尔夫球运动员击球时,肌肉运动时间短促,从单一动作来说能量消耗不大,对体能的消耗也不显著,但要完成十八洞的比赛，需要进行几十次、上百次的挥杆动作，这对于高尔夫球运动员的体能提出了很高的要求。高尔夫身体训练中运用长时间重复训练法就是为了发展有氧系统供能能力，从而提高高尔夫球运动员的综合竞技能力。

2. 技术训练。高尔夫球运动员在一次比赛中，需要至少完成几十次挥杆动作，这对运动员机体的耐酸能力提出较高的要求,而长时间重复训练就是将种类全面的技术动作与身体素质中的专项耐力以及运动员的无氧、有氧混合供能能力的训练融为一体,使运动员的素质、机能、技术协调发展，以适应实际比赛的需要。

（四）在高尔夫训练中运用重复训练法应注意的问题

1. 每次（组）练习均要保持预先确定的强度。强度的确定以运动员本人所能承担的最大限度为限，一般应接近或达到比赛强度。

2. 每次（组）练习间的休息时间要充分。重复训练法每次（组）练习的强度较大，为确保每次（组）练习质量，应待机体已基本恢复时再开始下次（组）练习。

3. 重复次（组）数的确定。以运动员不能按预定的强度进行练习或技术出现许多错误时为准，教练员应根据运动员的个体差异确定。

4. 及时纠正错误。重复训练在应用于技术训练时，教练员应严格要求运动员按技术规格练习，及时提出改进技术的要求和纠正练习的错误，避免运动员形成“技术变形”。

5. 明确练习目的、作用。重复训练法由于反复练习同一动作，内容单调，运动员机体局部负担较重，容易疲劳，教练员应使运动员明确练习的目的、作用，提高运动员练习的兴趣，这样才能取得重复练习的更好效果。

二、循环训练法

循环训练法是指根据训练的具体任务，将练习手段设置为若干个练习站，运动员按照既定顺序和路线，依次完成每站练习任务的训练方法。运用循环训练法可有效地激发训练情绪、累积负荷“痕迹”、交替刺激不同体位。

具体到高尔夫运动来讲，也就是根据高尔夫运动的技术特点和所需要的身体素质，选择一些简单有效的和专项技术有关的练习手段，或者选择某些基本动作，改变它们的负荷、强度、时间和数量，编排成组进行循环练习。循环训练法之所以适用于高尔夫项目的训练，是因为它能弥补其他训练手段欠缺的一些不足地方，有本身特有的优点。运动生理研究表明：在一定范围的活动量愈大，恢复的过程也就愈长。长期的积累会出现过度疲劳，从而影响训练效果。通常训练中单一动作的过量重复，会促使肌肉加快疲劳，降低随意放松的能力，造成肌张力振幅减小，不利于动作的完成。对神经系统来讲，单调枯燥的训练内容强度大，会使大脑皮层产生超限抑制，运动员会出现精神不振、训练热情减弱等现象，引起训练效果的下降。循环训练法在某种意义上讲是避免上述不良现象产生的一种非常好的训练手段。这种训练方法不会长时间的局限在某一项目、某一身体部位或某一动作上。它的特点是内容丰富、形式活泼，能够综合地发展运动素质和技能，并能突出重点;可以使运动员获得多样的运动感觉，提高运动员的练习情绪;还可利用转换现象来推迟疲劳的出现，在训练过程中使大脑皮层始终保持兴奋状态。循环训练法由于训练内容的多变，可使肌肉用力的方式较为均匀的分散在机体各个部位上，有效地减轻局部肌肉的负荷量，从而避免了疲劳的积累。这一训练法对技术和素质的发展都起到积极的作用，在一定程度上实现了训练的多样性，使我们在训练的过程中可以安排更多的内容和动作，达到科学训练的目的。

当然作为一个完整的训练时期，不可能只采用这一种训练方法，要根据训练任务，在不同的训练阶段选用不同的训练方法。既然循环练习法有集诸家之长的特点，在训练中可获事半功倍的效果，我们何不经常乐而为之。现在需要我们进一步去研究、探索、充实循环训练法，使其更完整、更科学，更好地为提高运动技术水平服务。

在运用循环训练时一般要考虑下列问题：

第一，循环练习的编组。每组练习要包括发展各种身体素质的内容，并把成套中对身体有不同性质影响的动作相互搭配与替换。另外，所选的内容应是结构简单、难度较小、便于练习。各组的项目和数量，可根据练习者的身体素质发展情况和具体的目标任务作相应的调整。

第二，循环练习的负荷量。安排循环练习的负荷量，首先要确定各个项目的练习次数和强度。确定练习次数、间歇时间和循环练习的组数，要根据练习者的身体情况安排，务必做到因人而异。根据需要，各个项目的次数一般以不超过运动员极限体能的2/3为限。要求速度性练习以中上强度为宜。为了收到循环练习的更大实效，可以适当缩短每组练习的总时间或逐步提高单位时间内动作的重复次数，以加大强度。需注意的是，在循环训练时要严格执行区别对待原则，防止过度疲劳的发生。

三、变换训练法

变换训练法是指变换运动负荷、练习内容、练习形式以及条件，以提高运动员积极性、趣味性、适应性及应变能力的训练方法。变换训练法是根据实际比赛过程的复杂性、对抗程度的激烈性、运动技术的变异性、运动战术的变化性、运动能力的多样性以及中枢神经系统的灵活性等一般特性而提出的。通过变换练习内容，可使运动员不同运动素质、运动技术和运动战术得到系统的训练和协调发展，从而使之具有更接近实际比赛需要的多种运动能力和实际应变能力。

在高尔夫运动中可采用的变换训练方式：

1. 变换动作的形式。其目的在于利用动作本身的可变因素，有选择的变换动作形式，使之可以熟练地掌握技术。它主要是通过改变动作的做法或姿势来实现的。但是在注意形式时，应考虑动作的结构基本相同。尽管动作的难度不一样，但关键技术要有共同点，这样既可发展专项素质又可巩固关键技术。

2. 变换训练环境。其目的主要在于调节运动员的心理状态。根据研究证明，改变外界环境时这种新异刺激一定会引起练习者注意力的集中或扩散，特别是初学者。根据训练与比赛任务的需要，正确地变换训练环境可以提高对外界的应变能力，激发运动员的积极性和兴趣。变换训练环境一般是通过变换训练自然环境和训练气氛来实现的，在训练中常采取变换器械、训练场地、时间等。

3. 变换练习的条件。其目的在于提高或降低练习的难度，简化学习的动作过程，使之迅速掌握动作技术或提高动作质量。在训练实践中一般是通过变换器械的长短、重量等来实现的。

运用变换训练法应注意的几个问题：

1. 运用变换训练法应从实际出发，根据训练的具体条件，有目的、有计划地采取某种变换方式，切忌单纯追求变换，特别是变换训练环境不要过于频繁。

2. 变换动作的形式时，特别注意不要改变动作的结构特点，要把握技术动作的核心，万变不离其宗，千变万变都应以技能迁移的基本规律为依据，产生良性刺激，取得好的效果。

3. 采用不同的变换方式训练达到目的后，应及时恢复到符合比赛规则的情况下进行训练，避免变换训练形式的动作不适应比赛要求。

4. 变换动作条件应由简到繁，由易到难，简单易行，安全可靠，避免造成心理障碍，不利于动作技术的掌握。

5. 合理地采用变换训练法并使多种变换方式相结合，达到在有限的时间内获得最佳效果是训练中较为困难复杂的问题，教练员应使每一种变换方式都用于最适合解决问题的一定范围之内。

运用不同方式的变换训练法均有利于提高运动员有机体对训练和比赛的适应能力，有助于调节心理过程，调动训练积极性，加快熟练掌握技术动作，提高动作的准确性、稳定性等。

四、持续训练法

持续训练法是指负荷强度较低、负荷时间较长、无间断地连续进行练习的训练方法。持续训练主要用于发展一般耐力素质，并有助于完善负荷强度不高但过程细腻的技术动作，可使机体运动机能在较长时间的负荷刺激下产生稳定的适应，内脏器官产生适应性的变化，可提高有氧代谢系统功能能力以及该功能状态下有氧运动的强度，可为进一步提高无氧代谢能力及无氧工作强度奠定坚实的基础。

持续训练法可分为三个基本类型：

1. 短时持续训练方法。短时持续训练方法的特点是：每次持续练习的负荷时间为5~10分钟；负荷强度控制在每分心率指标平均为150次左右；间歇时间充分，但练习组数不多。该方法是持续训练法中应用较多的一种。该方法练习的主要目的是：发展以有氧代谢为主的无氧与有氧混合供能的能力，提高以有氧代谢为主的运动强度。

2. 中时持续训练方法。中时持续训练方法的特点是：每次持续练习的负荷时间稍长，通常为10~20分钟；负荷强度是每分心率指标平均为170次左右。该方法练习的主要目的是：重点发展运动员有氧代谢系统的工作能力。

3. 长时持续训练方法。长时持续训练方法的特点是：每次持续练习的负荷时间较长，通常在20分钟以上;负荷强度较低，负荷强度控制在每分心率指标平均为160次左右。该方法的练习目的是：重点发展运动员有氧代谢系统的供能能力，使运动员能够稳定地发展有氧代谢工作状态的适应能力。

在高尔夫运动当中，需要运动员具备全面的身体素质。从这点出发，根据持续训练法的主要功能，应用的主要目的是着重发展高尔夫运动员的有氧代谢水平，为进一步提高无氧代谢水平奠定基础。

持续训练方法应用于高尔夫运动的训练时，可交叉运用持续训练法。其中，在基础训练阶段或冬训阶段，采用长时持续训练方法的时间比重较大;在专项训练阶段或竞赛期早期训练阶段，采用短时持续训练方法的比重较大。这样安排的目的是通过长时持续训练方法提高运动员的有氧代谢水平，以及有氧与无氧代谢过程转换的能力，由此为提高无氧代谢能力奠定基础。对于高尔夫项目的力量训练，在采用短时持续训练方法时，重点应放在力量负荷、动作速度负荷及负荷时间的安排上。

五、比赛训练法

比赛训练法是指在近似、模拟或真实、严格的比赛条件下,按比赛的规则和方式进行训练的方法。比赛训练法是根据人类先天的竞争和表现意识、竞技能力形成过程的基本规律和适应原理、现代竞技运动的比赛规则等因素而提出的一种训练法。运用比赛训练法有助于运动员全面并综合地提高专项所需要的各种竞技能力。

从比赛训练法的训练表现和性质,可以把比赛训练法分为:教学性比赛、模拟性比赛、检查性比赛、适应性比赛和正式比赛等五种类型。根据比赛训练法的释义和基本类型,可以看出比赛训练法是运动训练的重要方法之一。运动员依据训练水平与训练任务可以选择不同类型的比赛训练方法,应该说比赛训练法对于不同训练水平的运动员均可适用。

从比赛训练法的含义中我们不难看出，比赛训练法的关键就在于竞赛、运动员间的积极竞争。在技术、战术的训练中，为了达到具体的目的，可采取各种灵活多样的互相之间的比较水平高下的形式，都可以称之为比赛训练法。比赛训练法主要理论依据有以下两点：①“从难、从严、从实战需要出发”的训练原则；②运动竞技能力的“迁移”理论，即通过各种形式的比赛训练法将训练中逐渐获得和形成的运动竞技能力迁移到比赛中去，创造运动成绩。

一般来说，高尔夫球初学者上手的门槛相对于其他球类运动要高。没有经过正规训练，基本功没有一定时间数量累积的情况下，是不可能进行正式比赛的。但是，高尔夫球基本功的练习非常枯燥乏味，非专业的运动者一般无法坚持完成，但是如果能把比赛训练法很好地应用到高尔夫基本动作的教学当中，将极大地提高他们的兴趣。曾经有人做过实验，在一次击球的教学课上，把班上的学生分成人数相等的A、B两组，在统一讲解，示范了击球的动作要点以后，A组的学生采用“比赛训练法”练习，边跟教练示范练习，边互相比赛看谁的动作准确性更高、击球距离更远。B组的学生采用一般的练习方法，自己跟着教练的示范进行练习。很快，B组的学生出现厌烦的情绪，一段时间以后大多数对击球练习失去兴趣，而A组的学生从始至终都保持良好的兴趣，一直在主动练习。一节课完了以后，A组的学生动作初步掌握的人数达到了80%以上，而B组只有50%不到，这就是“比赛训练法”在高尔夫球训练中应用的一个很好例证。要把“比赛训练法”应用到高尔夫球的教学当中，我们首先要让学生明白，并不是只有按正式规则的比赛一种形式，能进行比赛的形式有很多，就高尔夫球而言，例如初学者击球的成功率、准确性，甚至是空手挥杆的动作优美程度，都可以是“比赛训练法”的一部分。

比赛训练法在实际的应用中要遵循以下几个原则：

第一，根据训练所处的具体阶段，采取相应的比赛训练方式。也就是说，比赛训练的方式、内容要根据不同人的实际情况来决定，只有制定与训练者的水平相适应的比赛训练方法，才能更好地应用比赛训练法。

第二，无论采用何种比赛训练方式，都应该有明确的训练目的和具体的比赛规则及方法，这样训练者才能全力以赴实现训练目的，达到训练效果。有明确的训练目标，就是说训练必须有针对性，什么方面不足、需要提高就练什么：力量不足就练力量，姿势不对就改姿势，动作不熟练就练动作。要做到有的放矢，才能事半功倍。具体的比赛规则及方法是训练效果的保证。比赛训练法并不是为了比赛而比赛，它是为了训练效果而比赛。如果只是为了得到比赛的胜利而进行，忽略了中间的过程，那这样的比赛训练也就达不到想要的效果。

第三，每次比赛训练完成以后，都应该及时做好记录，并进行小结。不管什么样的练习都不应该是盲目的练习，教练和运动员都应该非常清楚地知道训练的内容是什么，训练的目的是什么，训练完成后达到了什么样的效果，还有什么地方是没有做到做好的，这样才是真正系统有效的训练。及时做好记录是比赛训练不可或缺的一部分，它能为下一步训练指明方向。每次的小节训练情况更是起到画龙点睛的作用，它能告诉你这次训练做了什么，做好了什么，收获了什么，还有什么是没有做到的，所有的一切都能在小结中找到答案。

第七章

附　　录

附录一　世界知名高尔夫球赛事

经过几百年的发展，高尔夫球运动在20世纪末已经成为一项全球性的体育运动。目前世界上有许多职业和业余、个人和团体的高尔夫球赛，其中最著名的个人比赛有英国高尔夫球公开赛、英国业余高尔夫球锦标赛、美国高尔夫球公开赛、美国高尔夫球名人赛和美国职业高尔夫球协会锦标赛。团体比赛有世界杯赛（1953年前为加拿大杯赛）、莱德杯欧美对抗赛（1979年以前为英美对抗赛）等赛事。女子有索尔海姆杯巡回赛及各种杯赛。其中英国公开赛、美国公开赛、美国名人赛和美国职业高尔夫球协会锦标赛是世界高尔夫球比赛最为重要的四大赛事，连续赢得该四项比赛在高尔夫球界被称为“大满贯”。

一、大满贯赛事

（一）英国公开赛

英国公开赛的全称是英国公开锦标赛，由皇家古代高尔夫俱乐部主办。英国公开赛是世界高尔夫球比赛的四大赛事之一，它是世界高尔夫史上最古老也是最负声望的大赛，首届比赛于1860年举办，当时只有8人参加，在12洞的球场上分组进行三场比赛。该项比赛9洞击球记录为29杆，1929—1949年曾有4人先后击出过29杆的成绩；18洞记录为63杆。如今，从规模来看，它是四大赛事中参赛人数最多的一个，1993年参赛人数达1 827人。英国公开赛为分4天进行的比杆赛，共打72洞。亨利·瓦多是该项比赛夺冠次数最多的球员，共6次。

（二）美国公开赛

该赛事由美国高尔夫球协会（USGA）主办，全称为美国公开锦标赛，是世界上最高水平的高尔夫球四大赛事之一，创办于1895年。美国公开赛分4天举行，每天打18洞，共72洞。首届比赛在罗德岛的新港举行，比赛仅有9洞，比4场，共36洞，1898年后改为72洞。历届美国高尔夫球公开赛大多由美国总统开球。该比赛18洞击球记录为63杆，曾有三人先后击出过这一成绩。

（三）美国名人赛

美国名人赛（也称大师赛）可谓是世界高尔夫球比赛之最，它具有特殊的参赛规定，其总奖金和冠军奖金是四大赛中最高的。美国名人赛是四大赛中唯一场地固定的比赛，每年4月均在佐治亚州奥古斯塔国家高尔夫俱乐部（Augusta National Golf Club）举行，由奥古斯塔高尔夫球俱乐部主办，是只有达到限定资格的选手才可参加的世界最高水平的比赛。第一届名人赛是在1934年的3月22日以奥古斯塔邀请赛之名举办的，1938年正式采用名人赛这一比赛名称。直到1940年，才改在4月份的第一个完整的礼拜举行。该赛事每年举行一次，其间仅有1943—1945年未举办。美国名人赛获胜次数最多的球员是杰克·尼克劳斯，共6次。

（四）美国职业高尔夫球协会锦标赛

美国PGA锦标赛是四大赛之一，创立于1916年。PGA锦标赛在四大赛中奖金总额和冠军奖金额仅次于美国名人赛，列第二位。该赛每年8月举行，是四大赛的最后一项。1916—1957年赛事采取比洞赛方式；1958年至今采取72洞的比杆赛方式。沃特·霍根和杰克·尼克劳斯分别赢得5次冠军，是此项赛事获胜最多的球员。

二、最具影响力的团体赛事

（一）莱德杯

莱德杯高尔夫球赛始于1927年，原先是美国和英国的高尔夫球团体对抗赛。在1927—1977年的22届比赛中，美国队19次获胜，占据了压倒优势。1979年起改为美国队与欧洲联队进行对抗，形成旗鼓相当的局面。自那以后的10届比赛，美欧各胜5次，平分秋色。由于美欧两地汇集了几乎所有世界级高尔夫球手，双方的比赛精彩纷呈，因此莱德杯也成为最重要的职业高尔夫球团体赛。

莱德杯赛每方有12人参加，逢单数年举行，采用比洞赛方式。比赛分3天进行，共28场。头两天是四人赛和四球赛，共16场，最后一天是12场单人赛。四人赛是双方各出两人，轮流击球。这对两人之间对球的理解和相互配合要求很高。四球赛则是双方各出两人，四个人同场较量，每人各自击打各自的4个球，最终每方取两人中成绩较好的一个作为比赛结果。这一方式考验的是选手的抗干扰能力。单人赛则是真刀真枪的一对一较量，每场比赛胜者得1分，败方0分，若打平则各得半分。上届冠军只需14分就可保杯，而挑战一方需要14.5分才能夺杯。

由于比洞赛是按洞计算成绩的，每一洞都要从零开始，因此比赛更富刺激性。莱德杯赛上的表现不仅代表个人，更关系到国家的荣誉，因此所有选手无不全力以赴，每洞必争，其紧张激烈、扣人心弦，完全可与其他竞技大赛媲美。到莱德杯现场观战的球迷远远超过了其他高尔夫球赛事的观众，每次打出精彩的球都有震耳欲聋的欢呼喝彩，一点不亚于足球比赛中踢进一个关键入球后的场面。莱德杯是职业高尔夫球赛中最激动人心的比赛。

近年来，在世界排名前20位的高尔夫球手中，美国选手总是占据一半以上，因此每次莱德杯开赛时大家都认为美国队会获胜。然而美国人虽然在单人赛上占据优势，但欧洲选手的集体荣誉感、自信心以及相互配合均超过了美国队，四人赛和四球赛中美国选手常常败北。

（二）世界杯

高尔夫球世界杯赛是世界高尔夫球最高水平的一项赛事，每年举办一届。它是高尔夫球运动四大国际赛事中唯一的球员代表国家或地区参赛的锦标赛。

高尔夫球世界杯赛始于1953年，创始人是加拿大的商人约翰·杰·霍普金斯。第一届比赛时，它还只是一个被称作“加拿大杯”的小型赛事，仅有7支2人队在蒙特利尔参赛。1967年起更名为世界杯赛。1981年和1986年因故中断了两届。至2005年已举办了51届。

高尔夫球世界杯的决赛共有32个国家和地区的代表队参赛，每队由两名选手组成，参赛选手均为职业高尔夫球员。比赛采用世界通用的苏格兰圣安德鲁斯皇家古代高尔夫球俱乐部和美国高尔夫球协会审定的“高尔夫球规则”以及竞赛委员会审定的“当地规则”。决赛方式为4轮72洞比杆赛，同时进行队际赛和个人赛，在四天的赛事中两名选手分数总和最低的队为优胜队，将获得世界杯，而在第四轮比赛中得分总和最低的个人将获得国际奖。

世界杯赛的入选资格为：本年度世界杯决赛的前20名可以直接进入下一

年度的决赛，另外每年将在两个不同国家或地区举行预选赛，其前4名可以获得该年度决赛的席位，主办国的代表队可以直接进入决赛，其余决赛席位由国际高尔夫球协会决定。

三、世界女子高尔夫球比赛

（一）克蒂斯杯（The Curtis Cup）

克蒂斯杯由美国女子高尔夫球联盟和美国高尔夫球协会主办，首届克蒂斯杯比洞赛于1932年举行，由英国与美国的女子业余选手角逐，但两国间非正式比赛早在1905年就已开始。该奖杯由曾是美国女子业余冠军赛冠军的克蒂斯姐妹捐赠。

（二）索尔汉杯（The Solheim Cup）

索尔汉杯由欧洲女子职业高尔夫球巡回赛和美国女子职业高尔夫球巡回赛主办，也称为泛大西洋女子职业队比赛或女子比赛的莱德杯，每两年举行一次。比赛由闻名全球的PING高尔夫球具公司的创始人卡斯特·索尔汗（Karsten Solheim）赞助。

（三）美国女子公开赛（US Woman Open）

美国女子公开赛由美国高尔夫球协会主办，它始办于1946年，主要是为职业球手举办的。

（四）英国女子公开赛（British Woman Open）

英国女子公开赛由英国女子高尔夫球联盟主办，始办于1976年，首次比赛在福佛球场举行。

四、亚洲高尔夫球重大赛事

（一）亚洲职业高尔夫球巡回赛

这是亚洲高尔夫球最高级别的赛事，也是一项世界级的高尔夫球运动大赛，具有很强的影响力。2004年10月，亚巡赛首次登陆我国三亚。根据亚龙湾高尔夫球会与亚洲巡回赛组织的协定，从2003年起，亚龙湾高尔夫球会将连续5年举办亚巡赛，又称三亚公开赛。

（二）亚洲大师赛

亚洲大师赛创立于2002年，赛事前身是源自1994年的VOLVO马来西亚大师赛。第一届VOLVO亚洲大师赛曾经在泰国曼谷举办，当时18岁的韩国年轻选手罗相昱成为冠军，中国头号选手张连伟曾经赢得该赛事1995、1996年两届冠军。亚洲大师赛参赛者多为本年度的赛事冠军或比赛成绩始终保持上游的选手，它代表了亚洲巡回赛的最高水平。

附录二　国内重大赛事

一、中国职业高尔夫球联盟杯赛

中国职业高尔夫球联盟杯赛由国家体育总局小球管理中心批准、中国高尔夫球协会主办。中国职业高尔夫球联盟杯始办于2001年，前身是BAT（指英美烟草中国公司）中国职业高尔夫球联盟杯，是一项区域性与国际性相结合的职业高尔夫球比赛，是我国最早的高尔夫职业赛事之一。联盟杯自开赛以来已经在北京、上海、天津、深圳、辽宁、陕西、云南、海南、广东、山东、江苏等十多个省市举行了30场重大比赛，名副其实地成为中国人自己的高尔夫职业赛事第一品牌。

二、中国业余高尔夫球巡回赛

中国业余高尔夫球巡回赛由中国高尔夫球协会主办、中信朝阳高尔夫管理有限公司冠名赞助。这个2001年诞生的赛事，目前已成为中国级别最高、规模最大、影响最广的赛事。

三、汇丰冠军赛

汇丰冠军赛于2005年11月首次在中国上海的佘山国际高尔夫俱乐部举办，总奖金额高达500万美元，吸引了来自欧巡赛、澳巡赛、亚巡赛及阳光巡回赛等职业高尔夫球巡回赛单站冠军在内的共75名高尔夫球好手参加，其中包括当时世界排名第一的泰格·伍兹和排名第二的辛格，这也是泰格·伍兹首次在中国参加正式的世界排名赛。

“汇丰冠军赛”定于每年11月份举办，为的就是等到各大巡回赛结束，冠军都出来以后才确定最终的邀请名单。四大巡回赛获胜者的参赛令这一赛事云集了世界高尔夫总排名中最优秀的选手，可以称得上是在中国举办的真正意义上的国际冠军锦标赛。

2009年，汇丰冠军赛正式被世界高尔夫锦标赛（World Golf Championship）接纳，并成为PGA巡回赛赛程中的一站。

汇丰冠军赛的赛事阵容以“汇集世界各地冠军球手”为特色，赛制为72洞个人比杆赛。

四、VOLVO 中国公开赛

自从1995年首届VOLVO中国公开赛在北京举行以来，这项比赛已发展成为中国地区首选职业高尔夫赛事，吸引了海内外各界人士的广泛注意。10年来VOLVO公司一直赞助举办这项赛事，并与两大伙伴——中国高尔夫球协会和富通环球公司紧密合作，共同推动高尔夫运动在中国的发展。

2005年11月25日，在上海旭宝高尔夫球俱乐部举行的VOLVO中国公开赛迎来了10周年，同时还首次成为亚洲巡回赛和欧洲巡回赛联合赛事。

五、中国高尔夫球巡回赛

2005年7月5日，中国高尔夫球协会（CGA）正式宣布中国高尔夫球巡回赛启动。举办此次高尔夫球职业巡回赛旨在加速为中国培养出国家级的高尔夫球员。中国高尔夫球运动真正的未来、长远的发展不是靠花巨资邀请世界超级高尔夫球星来中国献技，而是要培养出我们自己的球星。

六、VOLVO 中国青少年冠军赛

VOLVO中国青少年冠军赛由中国高尔夫球协会主办，是在国内最具权威性的高尔夫专业媒体《高尔夫》杂志、《东方高尔夫》电视栏目、《高尔夫周刊》的鼎力支持下应运而生的。国内15~17岁、13~14岁、11~12岁年龄组的青少年优秀选手汇聚于此次比赛，通过两轮的比杆赛，决出各年龄组总冠军。

附录三　高尔夫名人介绍

一、高尔夫名人堂

世界高尔夫名人堂（World Golf Hall of Fame）坐落在佛罗里达州圣奥古斯丁的“世界高尔夫村”内（图7-1），是美国职业高尔夫球员协会巡回赛机构（PGA Tour）建设的一个特殊的纪念馆，用来表彰纪念那些对世界高尔夫运动发展有着杰出贡献的人士，激励世界各地的高尔夫球手和爱好者。著名球星加利·皮亚被邀请作为名人堂的“全球高尔夫大使”。1998年以前，名人堂一直安排在美国北卡罗来纳州的松林高尔夫球场（Pinehurst Golf Course）内。1998年，美国PGA巡回赛机构在杰克逊维尔去往奥兰多的高速公路旁建设了一座永久式的纪念馆建筑，之后，世界高尔夫名人堂就搬到了这里。从高速公路上能够遥望到名人堂建筑拔地而起110英尺（33.528米）高的奖杯塔。名人堂主体建筑两层高，单层面积估计有3 000平方米左右。通往名人堂主体建筑的人行步道用灰色的砖头铺砌而成，上面雕刻着世界上著名高尔夫人士的名字。

图7-1　世界高尔夫名人堂

名人堂内有两个核心部分和一个特别部分。第一个核心是位于二层楼的“壳牌”厅（Shell Room）；第二个核心就是奖杯塔。在“壳牌”厅内其中一面墙上整齐地排列着刻有名人堂成员姓名的铜匾，截至2012年共141人；奖杯塔三层楼的楼顶悬吊着刻有这141人名字的水晶条，排列成螺旋式上升方式，上方的屋顶开了一个天窗，灿烂的阳光可以照耀水晶条上这些杰出的高尔夫人士的光辉人生，他们的名字穿越了时空，成为其他人学习、模仿的榜样。

特别的部分就是位于二层楼的一间“名人更衣柜展览室”。所有入堂的名人在此都有一个属于自己的更衣柜，大部分名人把自己曾经用过的球包或其他物品（有鞋、球、手套、球座等）放在柜子里，比如尼克劳斯、帕尔默、皮特·戴伊、加利·皮亚、尼克·佛度等。对那些早已作古的名人（如阿里斯特·麦肯兹、唐纳德·罗斯等），名人堂的工作人员就去联系他们的后人，取得一些他们曾使用过的物件拿回来摆放在这里。

二、部分高尔夫名人介绍

（一）鲍比·琼斯（Bobby Jones）

鲍比·琼斯是美国业余高尔夫球运动员，被许多权威誉为历史上最伟大的高尔夫球手（图7-2）。鲍比·琼斯原名罗伯特·泰尔·琼斯，出生于亚特兰大，是公认的高尔夫神童，在12岁时就夺得了亚特兰大东湖乡村俱乐部的冠军，一年之后就在那里创造了68杆的场地记录；14岁时因在马里恩赢得1916年全美业余高尔夫冠军，在国内崭露头角。1922年毕业于佐治亚理工学院（现已成为佐治亚理工大学），并于1924年在哈佛大学获得法律学位。1923—1930年间，4次获得美国公开赛冠军；3次获得英国公开赛冠军；5次获得美国业余高尔夫球锦标赛冠军；一次获得英国业余高尔夫球锦标赛冠军，一共获得13次国家级比赛冠军，占他参加比赛的62%。其中于1930年连获英国和美国公开赛及业余锦标赛冠军，成为唯一的在一年内囊括这4项主要比赛冠军的选手，这次大满贯成为高尔夫历史上最为显赫的成绩，琼斯的高尔夫生涯辉煌而短暂，完成这次大满贯时才他28岁，而他随后退役了。退役之后，琼斯有很多可干的事情，他出了三本书，为斯伯丁公司设计了一套高尔夫球杆，又和华纳兄弟影业公司合作拍摄了系列短片。但和狮子影业公司合作的干劲又转化为对梦幻球场的追求，在几个投资者的帮助下，他在乔

图7-2　鲍比·琼斯（Bobby Jones）

治亚州的奥古斯塔购买了365英亩的土地，这块地方在内战时期是一片槐兰种植园，后由一位叫富鲁德兰的比利时贵族改做苗圃，高低起伏的乡间种植了各种树木、灌木和花。著名的苏格兰球场设计师阿里斯特·麦肯兹设计了蓝图。1934年名人赛诞生了，琼斯做主持，奥古斯塔的共同创建人克利福德罗伯茨做赛会主席，实际上这项比赛当时叫奥古斯塔全国邀请赛暨琼斯邀请赛。琼斯处在高尔夫舞台中心的短暂年度里，令大洋两岸的无数高尔夫球迷为之疯狂。

（二）吉恩·萨拉森（Gene Sarazen）

萨拉森（图7-3）不可磨灭的印记开始于他设计的用于沙坑内的角度杆。在1935年大师赛，他在打到第15个洞时，离领先者还差3杆，从230码左右之外打出一个信天翁，一杆解决了3杆的问题。第二天又在36洞的延长赛上获得胜利。萨拉森的父母都是移民，他本来是个球童，在20岁时赢得了美国公开赛和职业高尔夫球锦标赛冠军，实现了他的美国梦。1923年萨拉森连续两次夺得美国职业高尔夫协会冠军，但或许成功来得太多、太早，以至于他在之

图7-3 吉恩·萨拉森（Gene Sarazen）

后的10年里一直状态不佳。30岁生日即将来临时萨拉森仔细地分析了自己的问题，认为应该改变沙坑技巧以便提高自己的成绩。这个灵感是他在和亿万富翁霍华德修斯的一次飞行中得到的，飞机起飞时副翼向下而飞机却上升，所以萨拉森就想如果将9号铁杆底部降低些或许更有助于球从砂中飞起，于是他在球杆的背部铧了一层厚厚的凸缘并构成一定角度，当凸缘先着地时会使前段向上跳，这样就能将球溅起。如今的球员用的挖起杆，就是萨拉森的发明。在整个20世纪20年代和30年代，萨拉森共获得39个美巡赛冠军和七个大满贯赛。

（三）本·霍根（Ben Hogan）

霍根是世界上最伟大一位球手（图7-4）。他以68，69，72，68带领美国队横扫世界杯。《高尔夫规则说明》的编辑汤姆·史葛（Tom Scott）对霍根有这样的评价：“他的技术是高尔夫的一项完美示范，相信在英国是前所未见的。”当年在英国温特沃斯（Wentworth）举行的世界杯，三天内便吸引了超过万名现场观众。他们的目的也就是为了欣赏第一次，也是唯一一次本·霍根的精彩演出。

图7-4　本·霍根（Ben Hogan）

1930年1月份，不到18岁的本·霍根在德州公开赛上转成职业高尔夫球员。1935年4月，本·霍根结婚。1938年，本·霍根在美巡赛奖金榜上位居第13名，但是奖金不足以支持生活，无奈只能再找一份高尔夫俱乐部的工作。本·霍根成为纽约世纪乡村俱乐部的助理教练，之后成为主教练，一直到1941年。

本·霍根的高尔夫生涯起飞相当慢，从1931年他转入职业之后，等了七个年头才拿到他的第一座冠军杯。但自40年代起，他即君临整个美国排行榜（USmoneylist）。到二次大战结束后，他再度夺下另一个四大赛王座，即1946年于波特兰举行的美国PGA锦标赛冠军。36岁时，霍根已是全球最佳的高球手。然而，就在他最鼎盛的黄金时期，命运悄悄地给了他致命的一击。

1948年是霍根丰收的一年，他赢得一系列的四大公开赛冠军，包括美国公开赛、美国PGA锦标赛以及西方公开赛（Western Open）。他家的厅堂始终吸引着一批同行，他们都希望霍根的奇迹也能在他们身上出现。

但是，就在1949年2月2日，那天正是星期天，霍根偕同妻子薇拉里开车到德州Peco附近，在薄雾笼罩中和一辆灰狗巴士相撞，霍根受了重伤。这个事件的新闻报道如雪花般地飞遍全美，甚至医院还发布了一则冷酷的消息，即霍根可能会因伤重而告不治。

然而，霍根还是生还了。他缓慢而痛苦的重新学走步，而且，不停地运动，好让他病弱的身体早日康复。到了1950年的1月，他已经开始在洛杉矶瑞维拉（Riviera）球场上练球，已准备击败一些名将，如洛依·曼格伦（Lloyd Maugrum）和吉米·迪马瑞特（Jimmy Demaret）。球场上有大批球迷聚集，他们都想知道他们心目中的偶像是否能从这次的意外事件中恢复过来，且再重新出击。当发球播报员介绍他走到第一个发球台时，全场欢声雷动。霍根击出73杆的成绩，虽然他走得很痛苦，球界英雄终于还是回来了。

3个星期后，霍根赢得白硫磺泉比赛的冠军，总杆数低达令人惊异的259杆。六月间，他又转往墨里昂（Merion）去参加美国公开赛，此时，媒体和一般民众的期待已被抬得热烘烘的。

虽然霍根还是感受到车祸后的疼痛，但他还是奋力打完两场比赛，而在当天比赛结束时，与乔治·法兹欧（George Fazio）及洛依·曼格伦打成平手。幸而他的后力源源不绝，在加赛中终以69杆击倒曼格伦，整整领先了他四杆。

霍根复出后，胜了一场又一场。1951年，他以终场68杆的成绩赢得美国名人赛和在奥克兰山庄举行的美国公开赛，他以最后一轮67杆的成绩卫冕成功。两年后，他更是超越了自己以往的成就，赢得所参加的3场四大公开赛，包括在奥克蒙（Oakmont）所举办的美国公开赛、名人赛，以及在苏格兰卡诺斯提（Carnoustie）举办的英国公开赛。

1953年，本·霍根连续赢得美国大师赛、美国公开赛和英国公开赛，当年他参加了六场比赛，五场都获得胜利，包括三个大满贯赛，被称为“霍根大满贯赛”。这是高尔夫历史上第一次出现一位球员在一年中赢得三个大满贯，之后2000年伍兹才平了这个纪录。1953年本·霍根就差赢得美国PGA锦标赛冠军，是因为他一直拒绝参赛。一个原因是PGA锦标赛在1958年来一直是比洞赛，本·霍根的能力是打出精彩的一轮或者一场比赛，善于运用策略去获胜，因此不喜欢比洞赛。第二个原因是美国PGA锦标赛每天都需要打36洞，在1945年的车祸之后，本·霍根一直只能打18个洞。

1953年的美国大师赛，本·霍根创造了低于标准杆14杆的总成绩，这个纪录一直维持了12年。至今，也只有八位球员在美国大师赛上创造过这么好的成绩，分别是尼克劳斯、弗洛伊德、克伦肖、伍兹、杜瓦尔、米克尔森和苏瓦泽尔。1967年，已经54岁的本·霍根在奥古斯塔最后九洞创造了30杆的最低杆，这个纪录一直维持到1992年。本·霍根从来没有参加美巡长青巡回赛，因为当时这一赛事并不存在，直到他60岁的时候才出现。

然而，霍根自此再也无法超越这样的顶峰，尽管如此，他仍然拒绝退休。在他54岁时，他仍可在1967年的美国名人赛打出第10名的成绩来。

霍根追求完美的个性，使他不能成为广受欢迎的人物，尽管如此，他的一生还是被好莱坞拍成了电影，就整部高尔夫球史来说，他的故事是迄今为止最精彩的一段。

本霍根创立了挥杆理论，被称为挥杆的鼻祖。他写了“五个课程：现代挥杆基础”被广泛传播。《挥杆的五个课程》于1957年3月11日开始出版，至今已经被印刷了64次。

（四）杰克·尼克劳斯（Jack Nicklaus）

美国职业高尔夫球手。他在高尔夫球职业运动生涯中共赢得18场职业四大赛事的冠军，包括四次美国公开赛（1962年、1967年、1972年、1980年）、五次PGA锦标赛（1963年、1971年、1973年、1975年、1980年）、六届名人赛（1963年、1965年、1966年、1972年、1975年、1986年）及三场英国公开赛（1966年、1970年、1978年）。他还拿过两次美国业余冠军（1959年、1961年）、赢过PGA巡回赛的70场胜利、获得八次奖金王。他六次代表美国参加莱德杯，入选1974年世界高尔夫球名人堂，1988年当选“世纪高尔夫球手”。另外，他在球场设计方面的杰出表现可以和其辉煌的运动生涯相媲美（图7–5）。

图7–5　杰克·尼克劳斯（Jack Nicklaus）

（五）泰格·伍兹（Tiger Woods）

他之所以叫Tiger，是因为曾经在越南一个叫做Tiger的人对他的父亲有过救命之恩，父亲为了让自己的孩子能记住这个恩人，所以为其取名为Tiger Woods（图7-6）。

图7-6 泰格·伍兹（Tiger Woods）

泰格·伍兹的父亲是美国人，母亲是泰国人，而他是黑色皮肤。至成名之后，人们习惯上称他为“老虎”，因为“泰格”在英文中是“老虎”的意思，“伍兹”的意思是“树林”。可见他的父母当初给他起名字时也是颇动了一番脑筋，林中的老虎自然是如鱼得水般地潇洒自在。

泰格·伍兹的儿童时代过得并不是那么轻松，他的家庭经济能力较差，能吃饱肚子就不错了，所以可千万别认为高尔夫球只是有钱人的娱乐。懂事的小泰格为了减轻父母的经济负担，在上学之余自己悄悄跑到高尔夫球场做起球童来，帮那些玩儿球的有钱人做捡球、拎包儿等事情，挣点小费以填补自己学校的费用或者生活费。

泰格·伍兹孩童时就表现出了非凡的高尔夫天赋，他在18岁时成为最年轻的美国业余比赛冠军，然后又史无前例地在1994、1995和1996年完成了该赛事的帽子戏法。

1996年夏天，泰格·伍兹对着电视镜头豪迈一挥手：“世界，你好！”招呼过后，便开始了他野心勃勃的职业生涯。

从历史上第一个职业高尔夫黑人球员，到坐上世界排名第一的宝座，伍兹只用了不到3年的时间，他也成为用最短时间实现高尔夫球大满贯的最年轻球员。在八年半的职业生涯当中，伍兹已经夺得了42座PGA巡回赛冠军奖杯，他一度让米克尔森这样的对手不得不在与他比赛前“看心理医生以克服恐惧”。在上一代的高球王者——“金熊”尼克劳斯退役之后，泰格已经成了当今高尔夫球界无可争辩的王者。

（六）罗里·麦克罗伊

麦克罗伊出生在北爱尔兰“好莱坞”，一个与鼎鼎大名的美国好莱坞同名的小地方。他的家境很一般，小时候为了供小麦练球和比赛，父母要干多份工作。不过这位天才少年很小就展现出了过人的天赋。他在两岁的时候就能用一号木打出40码，5岁时正式拜师学艺，7岁开始正式的高尔夫训练，2006年他成为欧洲业余排名第一的选手，一年后他加入职业高尔夫界，9岁时打出第一个一杆进洞，接着夺得世界10岁以下儿童组冠军。

麦克罗伊以22岁46天的年龄成为美国公开赛自1923年来最年轻的冠军。麦克罗伊得到与天赋相符的成就，他没有让自己等待太久，也没有让高尔夫界等得太久。之后，又取得了英国公开赛冠军。在“老虎”衰落之后，高尔夫迫切需要一名新的领军人物和超级偶像。麦克罗伊无疑是最符合条件的球手，他不仅潜力无限，而且外形阳光帅气，出身穷困家庭，爱玩Facebook和微博，经常与网友互动，一改高尔夫球手贵族、保守的形象（图7–7）。

图7–7　罗里·麦克罗伊

三、中国部分优秀球员

（一）张连伟

张连伟，一个中国职业高尔夫运动的传奇人物，一个闪亮在亚洲乃至世界高尔夫球坛的中国名字；他代表着中国高尔夫年轻的历史和骄傲的成就，是新一代球手们追随的榜样；他身影矫健，神态自若，言谈之间沉稳与激情相融，大将风度卓然显现。

张连伟初中毕业后在珠海市体委当标枪和篮球运动员，成绩平平。1985年珠海第一家高尔夫球场——珠海国际高尔夫俱乐部建成后，体委招运动员转行学高尔夫和保龄球，对这两项都一无所知的张连伟随意挑了前者，正是这个无意的决定成了他一生事业的转折点。在日商独资管理的球会，张连伟当起了球童，工资很低，但出于对打球的迷恋，他执着地投入了小白球的世界。为了得到成为职业选手的机会，他后来又转会到更适于个人发展的深圳高尔夫俱乐部，直至今日。不久，张连伟开始参加业余比赛，1994年代表中国在广岛亚运会上夺得个人亚军，回国后被中高协批准转为职业选手（图7–8）。

2004年赛季，张连伟收到了来自美国名人赛的邀请，在奥古斯塔开出第一杆。这一刻，张连伟创造了历史，他是历史上第一位开出名人赛的第一杆的中国内地球员。在中国“一哥”2003赛季完美谢幕之后，名人赛的邀请函如期而至。本赛季中，张连伟两个冠军的表现堪称完美。首先，在欧巡和亚

图7–8 张连伟

巡共同认可的赛事——新加坡大师赛中，经过72洞的漫长角逐，张连伟终于凭借最后一洞的小鸟球，一杆险胜南非名将恩尼·埃尔斯。这是中国人第一次、亚洲人第五次拿下欧巡赛的冠军。随后，在11月举行的沃尔沃中国公开赛中，张连伟拿下了他梦寐以求的中国公开赛冠军。这样他以奖金榜第二位的骄人战绩结束了本赛季的华丽演出。2007赛季，张连伟除了连续取得两个中巡赛的冠军，他还取得了北京公开赛的并列第十，澳门公开赛的第五名。2005赛季，40岁的张连伟处在名将古森和坎贝尔之后拿下了大众大师赛的第三名。同年，他作为亚洲队的一员，参加了朝王杯，并取得了胜利。他也是唯一一位6次参加朝王杯，并保持全胜的队员。

（二）梁文冲

虽然在很多人眼里，高尔夫球被贴上了“贵族运动”的标签，但梁文冲却是一个地地道道的草根选手。1993年，广东中山温泉高尔夫球会俱乐部准备培养一批国内青年高尔夫球手，农家子弟梁文冲被选中（图7–9）。这是中

图7–9　梁文冲

国第一批正式培训的高尔夫球手。在球会教练的悉心指导下，他的成长速度令人惊讶。两年不到，他就获得了1995年中国青少年公开赛冠军和中国业余公开赛季军。1996—1998年，他7次夺得国内业余大赛的桂冠。梁文冲曾不止一次说："如果不打高尔夫球，像我这样的农村孩子，现在也可能就是一个打工仔，是高尔夫球改变了我的命运。"

17岁那年，梁文冲便打出了低于标准杆的成绩。随后他连续三届拿下了中国业余公开赛的冠军。1999年，梁文冲转为职业球员，他说："进入职业赛后打球不再是单纯的乐趣，而是严肃的事业。"经过亚巡赛和日巡赛的多年打拼，2007年，他赢得了欧巡赛的新加坡大师赛的参赛权，并且成为继张连伟之后第二个参加大满贯赛事的中国球员，达到了自己职业生涯的第一个顶峰。

梁文冲作为业余选手时在国内所向无敌的比赛成绩，以及转职业后惊人的成功已经吸引了外界关注的目光。"张连伟第二""亚洲的泰格·伍兹"等称号充分表明了公众对梁文冲所寄予的厚望。而他在加入职业阵营后以一如既往的胜者形象进一步提升了人们对他的期许。在职业生涯不到半年的时间里，他已登上国内职业比赛排行榜榜首位。

中国的高球迷们对他寄予厚望，认为他是最有可能创造奇迹的中国高尔夫球员，甚至期待他有一天能拿下中国男子的第一个高尔夫大满贯赛事冠军。同时他也是代表我国参加2016年里约热内卢奥运会的热门选手。亚巡赛执行主席齐拉汉说，"梁文冲代表了中国高尔夫的新时代。他今后的发展肯定会给他的祖国乃至整个亚洲的职业高尔夫事业留下永久的烙印"。

（三）曾雅妮

曾雅妮出生于台北一个普通家庭，爸爸是东方林口高球俱乐部会员。小时候，在爸爸的带动下，曾雅妮开始学习高尔夫，并渐渐喜欢上这项运动，立下了成为职业球员的理想。为了这个理想，曾雅妮刻苦训练，最终成为LPGA球手，并且逐渐实现了一个个目标：大满贯赛胜利、最佳新人奖、最佳球手奖、世界第一！曾雅妮也是中国第一个赢得高尔夫大满贯赛的选手，她在全世界已经成为家喻户晓的明星（图7-10）。

她在获得大满贯的速度、年龄上，已经赶超韩国女选手朴世莉、美国天王伍兹，他们两位都是24岁时赢得了四个冠军。

图7–10　曾雅妮

（四）冯珊珊

冯珊珊10岁开始接触高尔夫，在国内练球条件并不太理想的情况下，冯珊珊从一个对高尔夫完全不了解的小学生一步步走到LPGA赛场。国内训练环境不理想，在校中小学生练习的时间更少了，只能够利用课后挤出的时间训练。孩子们通常在练习场练习，因为兼顾上学可能每周只能下场一、二次，同时缺乏世界高水平的教练。冯珊珊从练球到现在也只经历过4、5个教练，其中1、2个还只是初期的启蒙教练。

当冯珊珊还在中国的时候，据她说，她唯一判读果岭的机会是星期六。这些简单的背景资料介绍可以解释为什么她的击球是如此漂亮，可是她的推杆却这么不稳定。17岁那一年，冯珊珊来到了美国。她的道路是一个韩国经纪人铺就的。后者在中国举行的一个赛事（中国女子公开赛）中发现了她，并将她送到了一个熟悉的教练盖瑞·吉尔克里斯特（Gary Gilchrist）那里。后者曾经指导过魏圣美。

一旦冯珊珊在南卡罗来纳州定居下来，她的高尔夫和英语都得到了飞速的提高。2007年，她通过了资格学校考试，成为中国内地第一个获得LPGA巡回赛全卡的选手。去年，冯珊珊的参赛服装包括一件印有中国地图的球衫。那是她自己发出的时尚宣言："因为我是唯一来自那里的人。""因此我知道如果我打得好的话，人们会说：中国如何如何，而不会说珊珊如何如何。"

在2010年首个LPGA女子大满贯比赛纳比斯科中，冯珊珊因为迟到，耽误了开球时间，被取消资格。冯珊珊在自己的博客中说：

“我是因为迟到而被大满贯比赛取消资格。犯了这样的错误连我自己都无法原谅我自己。我非常非常的难过。这样的教训我会永远记住。我在LPGA已经是第三年了，打过很多比赛，对比赛规则也很熟悉，这次却犯了这样的错误，我感觉很惭愧和伤心。我一定会改正。高尔夫是一项自己跟自己竞赛的运动，尤其讲究公平、诚信和自律。不骄不躁、沉着冷静、持之以恒，这是蕴藏于高尔夫运动中的哲理，更是深刻的人生智慧。作为一名职业高尔夫球员，应该将对待高尔夫运动的态度和精神，同样用于生活中。从这一次的处罚中，我得到了很大的教训，也学到了很多东西。当然，我也希望我的过错能让大家引起重视，引以为戒，避免类似的事情再次发生。”

2012年6月11日，在美国皮茨福德收杆的2012年世界女子职业高尔夫球四大满贯赛第二项赛事——LPGA锦标赛上，冯珊珊以282杆（低于标准杆6杆）、领先第二名2杆的优势，捧起了冠军奖杯，成为首位赢得LPGA赛事的中国内地球员（图7–11）。

图7–11　冯珊珊

附录四　世界和国内部分著名高尔夫球场介绍

一、世界知名高尔夫球场

（一）美国松树谷高尔夫俱乐部

英文名：Pine Valley

地址：美国新泽西州克莱蒙顿［Pine Valley Golf Club，Clementon，New Jersey（NJ）08021，USA］

设计师：乔治·克伦普（George Crump），哈里·科特（Harry Colt）

松树谷是费城一位酒店老板乔治·克伦普的梦想，但在球场最终完成前，克伦普就去世了。他留下的这个遗产，被全世界公认为高尔夫球场的经典作品（图7–12、图7–13）。

图7–12

图7-13

球场坐落在费城郊外，靠近新泽西州。难以置信，这个世界上最好的高尔夫球场被建造在没有任何名气和特点的乡村。球场1912年开始动工，后来克伦普接纳了科特关于路径设置上的一些建议，到1916年，14个球洞已经准备就绪。但在1918年，克伦普逝世，直到一年之后，他梦想中的18洞球场才全部完成。

1919年球场正式开放，但直到三年后才有人第一次在这里打出70杆，球场很快因“高尔夫的终极测试场所”而声名远扬。在球场的会员很快认识到，有一个一夜暴富的手段——和任何第一次打这个球场的人打赌他们绝对不能破80杆。很多人都在这个球场设赌局，但现在这里已经禁止赌博，今天需要提醒那些富有的爱好者，在下场前对自己的随身财物做好登记，曾经有两名会员因为在打球时涉嫌现金赌博被取消了会员身份。

（二）北爱尔兰皇家邓恩郡

英文名：Royal County Down

地址：北爱尔兰邓恩郡（Royal County Down Golf Club，Newcastle，County Down，BT33 0AN，Northern Ireland）

设计师：老汤姆·莫里斯（Old Tom Morris），哈里·沃尔登（Hary Valdon）

世界上永远存在两个球场间孰优孰劣的争论，但没有任何争论能比皇家邓恩郡和皇家波特拉什（Royal Portrush）之间存在的争论更加激烈。如果你没有打过这两个球场中的任何一个，建议你到北爱尔兰一趟，皇家邓恩郡不会让你失望。

皇家邓恩郡位于北爱尔兰的旅游小镇纽卡斯尔，坐落在雄伟的默恩山脉脚下，背靠爱尔兰海邓德拉湾。对于经典的林克斯球场来说，这是再好不过的天然地点。小镇旁的多纳德山顶峰海拔足有900多米，阳光方向合适时，它会将自己的整个影子投到镇上（图7–14、图7–15）。

图7–14

图7–15

1889年，球场正式开业。作为这个球场的缔造者，老汤姆·莫里斯只拿到了相当于四个建造工人工钱的设计费用。1908年，哈里·沃尔登给球场做过一些改造，同一年，国王爱德华七世给予球场皇家头衔。作为球场的一个传统，到今天仍旧有穿着复古装的球手，在周六加入到分组中（夏天打四人四球，冬天打四人两球）。

设计这个球场，老汤姆·莫里斯遵循的是很淳朴的理念。这里的沙丘崎岖不平，也很粗糙，但在紫色的灌木丛和金黄的荆豆覆盖下却显得异常美丽，球道保留着时间雕琢的天然痕迹。

球场最长的Tee台足足超过了7 000码，经常会显现出它的残酷。对我们来说这同时也是一个绝对的秘密——一个如此梦幻般的、有世界上最好前9洞的高尔夫球场，为什么从来没有举办过英国公开赛。这里也有你在任何英国公开赛场地上都能体验到的捉摸不定的风向。

球场的第4洞和第9洞都入选了《世界上最伟大的500个高尔夫球洞》一书，其中4号洞绝对是世界上最具观赏性的长三杆洞之一。“在这里你可以看到难以计数的灌木丛，10个沙坑，还有三座山峰，英国高尔夫球场里最神奇的景观。”而长四杆洞9号洞，则或许是世界上被摄影师留下最多照片的球洞之一。发球台在高处，正好直面多纳德山顶峰，球道在你脚下80英尺（24.384米），魔幻一般的感觉。

当然，这个球场也有自己的偏好。这里有很多盲洞，粗草区中的沙坑往往会在不知不觉中吞噬你的小球，但这些都只会让这个球场更加迷人。如果评价一个球场的标准是看它有多少个球洞让你印象深刻的话，那么皇家邓恩郡绝对算是世界上最优秀的球场之一。

（三）美国塞普雷斯鲍英特

英文名：Cypress Point Club

地址：美国加州圆石滩［Cypress Point Club，Pebble Beach，California（CA）93953，USA］

设计师：阿利斯特·麦肯兹（Alister McKenzie）

每个真正的高尔夫球手都喜欢在这里打球，但事实是，只有少数幸运者可以得到这样的机会，有传言说即便是美国前总统约翰·肯尼迪也有被禁止进入这里的餐厅的经历。整个球会只有250名会员，普通人看上去没有机会在这里挥上一杆。

球场坐落在圣卢西亚山脉底部，场内到处可见各种各样极具震撼力的峭壁和岩石景观，那些最华丽的辞藻都曾经被用来描述这个球场的美丽。瑟斯·雷诺是这个球场最先的设计者，但很不幸的是他于球场最终落成前逝世，接替他工作的是阿利斯特·麦肯兹，他也许是这个星球上有史以来最伟大的设计师。球场于20世纪20年代最终落成（图7–16~图7–18）。

图7–16

图7–17

人们对这个球场的另一个称呼是“世界上最好的17洞球场”，因为第18洞相对来说有些平淡无奇。也许在你看来第16洞也是个败笔吧，尤其是当你在大风中无法将球打到200码开外的时候。在这个231码的3杆洞，广袤的太平洋就是天然的终极水障碍，这被认为是世界上最好的高尔夫球洞，当然当你不断将球打到海里的时候，它在你看来也许就是世界上最差劲的设计。

图7–18

如果你曾经打过这个球场，我们以最大的诚意欢迎你写下自己的心得，尤其是，你在第16洞发球台是怎么开出那一杆的！

（四）苏格兰圣安德鲁斯老球场

英文名：St Andrews Old Course

地址：苏格兰圣安德鲁斯（St Andrews Links，Pilmour House，St Andrews，Fife KY16 9SF，Scotland）

在几乎任何一份世界球场排名中，老球场都会在前10之列。它是如此特别的林克斯球场，因为它是大自然母亲的作品。有关它的描述已经太多：世界上最有名的林克斯球场、高尔夫的圣地……在12世纪，这里就已经有了高尔夫运动，显然它也是实际上最古老的高尔夫球场（图7–19~图7–22）。

图7–19

图7–20

图7-21

图7-22

1553年，圣安德鲁斯大主教真正允许了在林克斯球场上开展高尔夫运动。1754年，圣安德鲁斯高尔夫球手社团成立，10年后，这里原先的22洞被缩减为18洞。1834年，威廉四世赋予球场皇室身份，圣安德鲁斯高尔夫球手社团也正式改名为皇家古典高尔夫协会，这是世界上现存的最古老的带“皇家”头衔的高尔夫球组织。1867年，第一个女子高尔夫俱乐部也在这里成立。

在1910年出版的书《英国高尔夫球场》中，贝纳德·达文曾这样写道：“在圣安德鲁斯有不喜欢高尔夫的人，他们可以否认林克斯的魅力。但显然，没有人会否认这个地方作为一个整体的迷人之处。”看到整个小镇都属于高尔夫是件让人高兴的事情，这里的任何一个人在完成自己的工作后都会拿起球杆，走进林克斯球场。

在很多情况下，这个球场不是一个能让人一眼就喜欢上的地方，它需要时间去了解和喜爱，第一次到这里的人，或许会有些失望。同样，在第一次打老球场时，除了第1洞、第17洞和第18洞外，你不会有任何熟悉的感觉。也许在电视上看到的老球场很平坦，但实际上到了这里你会发现球道深陷，到处是峭壁，还有标志性的罐状沙坑。阿利斯特·麦肯兹曾经在《圣安德鲁斯之魂》一书中写道：“一个好球场就像好音乐或是其他的什么东西，它不需要在第一时间吸引你，但你体验的次数越多，你喜爱它的感觉就会越强烈。”

任何真正的球手，都会至少来打一次这个球场。当出发员喊你的名字时，那是一种深刻到脊椎的感觉。这里有很多值得纪念的球洞，最特别的是叫“路洞”的17号洞，那也许是世界上最著名的球洞。

二、国内知名球场介绍

（一）观澜湖高尔夫球会

观澜湖高尔夫球会于1992年12月18日成立，具有216洞12大球场的规模，当时被“世界吉尼斯纪录组织”认定为世界第一大高尔夫球会，并取得连续12年高尔夫世界杯的主办权（图7–23~图7–27）。

图7–23

观澜湖高尔夫球会拥有世界12大高尔夫巨星设计的球场，是全世界唯一汇聚五大洲风格的球场。观澜湖还拥有高尔夫别墅群、亚洲第一大乡村俱乐部、观澜湖水疗度假酒店、国际会议中心、大卫利百特高尔夫学院和辛迪瑞学院、亚洲第一大水疗中心、特色荟萃的中西美食及多种休闲设施。

图7–24

观澜湖是中国最负盛名的国际赛事和国际体育文化交流活动的理想举办地，已经举行了逾50次国际大赛和国际巨星到访活动，在未来，观澜湖还将连续12年举办高尔夫世界杯、友好杯暨国际经贸友好论坛，以及亚太地区最高水平的业余赛事APGC锦标赛等国际体育盛事。

图7-25

欧洲高尔夫球协会发布的1997~1998年度官方推荐全世界74个球场、酒店度假区中，观澜湖是中国唯一获选球会。位于深圳市观澜镇的高尔夫球会，是从一片荒山野岭中雕塑出的艺术品，四个18洞国际标准高尔夫球场分别由代表美洲、欧洲、亚洲风格的杰出球王杰克・尼克劳斯、尼克・费度和尾崎将司设计，是中国第一个拥有72洞的球会，亦是中国唯一获得国际高尔夫球巡回赛事会认可的国际比赛球场。同时，球会设有灯光夜场、对公众开放的高尔夫球练习场及中国唯一在高尔夫球场内的五星级骏豪度假酒店和亚洲最大的网球中心。

球会总投资20亿港元，目前拥有五个国际锦标级18洞球场，自1995年开业以来，不断推出娱乐、餐饮和无与伦比的高尔夫服务设施。由恩尼・艾尔斯（Ernie Els）设计的第五个球场，已于2001年夏天正式落成，使深圳观澜湖成为前所未有的90洞高尔夫球会。因此，深圳观澜湖已被视为高尔夫运动进入中国内地的一块里程碑。

图7-26

深圳观澜湖高尔夫球会是亚洲唯一一家同时受到美国 PGA、TPC 和欧洲 PGA 认可，并入选“世界最优秀高尔夫俱乐部”的球会。1999 年获得亚洲 PGA 的“最佳比赛场地”奖（Best Host Venue），在球会所获的多个奖项中再添殊荣。

图7-27

作为亚洲最优秀的锦标球场，深圳观澜球会有幸承办了第41届高尔夫世界杯决赛，使中国成为除日本之外唯一举办过有“高尔夫的奥林匹克”之称的高尔夫世界杯决赛的亚洲国家，并被来自世界各地的球手称为世界上最优秀的大赛组织者和高尔夫球场之一。

深圳观澜球会的每个球道都有黑、金、蓝、白和红5个发球台，分别适合职业、高级业余、业余、初学者和女士。由高尔夫传奇天王杰克·尼克劳斯设计的著名的世界杯球场（World Cup Course）是1995年第41届高尔夫世界杯决赛的比赛场地，也是中国第一个获美国PGA认可的职业大赛场地。根据世界十大高尔夫报刊的读者投票，该球场的第7洞入选“全球最佳500球洞”，同时亦被评为“亚洲最佳24洞”之一。

（二）南山国际高尔夫球会

南山国际高尔夫球会是由位列中国500强企业的山东南山集团有限公司独资兴建，地处渤海之滨的烟台龙口市，是目前世界规模最大的高尔夫球会（图7–28~图7–30）。

图7–28

南山国际高尔夫球会现辖南山、东海、马山寨等九个俱乐部和澳大利亚新南威尔士高尔夫球场，总投资达数十亿元。每一个球场都经过国内外著名设计师精心设计和监造，融天然景致与大师巧思于一体，极富挑战性。其中包括：由世界高坛名将蒙哥马利捉刀设计并命名的东海蒙哥马利球场，以蒙氏的苏格兰背景和优良的海滨自然条件，设计建造了一座经典的“林克斯球场”；2008年新落成的坐落于千亩果园之中的丹岭翠园、丹岭翠谷球场，则以球道开阔、四季花果飘香成为南山国际高尔夫球会中最具代表性的山地球场；由两届欧巡赛奖金王、美国名人赛冠军（1991年）、迄今为止共夺得世界顶级赛事44个冠军头衔的欧洲名将伊恩·伍斯南与世界体育集团美国IMG公司携手精心设计监造的国际锦标级烟台马山寨·伍斯南球场，更以自己独特的三面临海、洞洞观海特色而独树一帜。同时，南山国际高尔夫球会还拥有练习场七座，总打位超过400多个，使不同层次的球手到南山都能享受到高尔夫运动的乐趣。

图7–29

南山国际高尔夫球会下设高尔夫运动技术学校，依托南山球会279洞球场和超过400多个打位的练习场，结合南山集团雄厚的基础和南山学院高等教育的优势，使之成为世界最好的高尔夫运动技术学校，在此学习的青少年既可以得到最好的高尔夫球训练条件，又能得到良好的文化教育。

图7-30

与球会配套的有白金五星级的烟台南山皇冠假日酒店、五星级的佛光宾馆、南山国际会议中心、月亮湾海景酒店、三星级南山宾馆等，客房总数逾3 000间。还有月亮湾海水浴场、南山文化中心、南山大剧院、南山庄园葡萄酒城堡和南山购物中心，以及AAAA级南山旅游景区。齐备的商务、旅游设施和良好的气候条件、人文环境，使南山国际高尔夫球会成为集旅游、休闲、商务、度假于一体的高尔夫休闲旅游胜地。

（三）海峡奥林匹克高尔夫球会

海峡奥林匹克高尔夫球会位于福建省长乐市文武砂镇新村，1997年10月建成，是典型的海边“林克斯”风格，芦苇、长草、海风，有不羁的野性味道。当夕阳西下，球场的湖、山全都笼罩在一片静谧之中，此时在球场中漫步，真有在画中游的超然感觉（图7-31~图7-33）。

海峡奥林匹克高尔夫球会位于福州长乐国际机场东南的沙丘半岛，半岛三面环海，东侧面临台湾海峡，水白天清，浑然天成，是国内罕有的林克斯风格的球会。半岛地势平坦，呈耳垂状，自然形成的沙丘、密布的木麻黄树林、草地、沼泽、湖泊与海滩，形成丰富的自然生态体系。对岸以远山为背景，湖泊、山丘地势变化丰富，湖光山色形成一处风景绝佳的自然景观，是绿色环保的高水平球会。

图7-31

图7-32

用“亚洲最佳球场之一”来形容海峡奥林匹克高尔夫球会是再恰当不过了，它是由国际知名设计大师罗伯特·琼斯（Robert Trent Jones Jr.）设计及施工完成的国际标准级球会，营造了中国境内最佳之作，这位设计大师巧妙利用海岸沙丘的特殊地形，造就出媲美苏格兰圣安德鲁斯（St Andrews）、美国希尔顿头（Hilton Head）的优良球场，18洞的球道全长7 333码，标准72杆。球场特色在于利用天然的木麻黄树、松树林和绵延起伏的草坪等自然景观，成就出重重阻碍，加上设计独特的球洞区，难度稍高，让您步步为营，小心翼翼地享受挥杆乐趣。这样一座兼具美感与挑战性的球场，须有准确的击球点才能大显身手，尤其是第4洞，长496码，双侧发球台居高临下，是左曲的上坡球洞，半遮半掩的球洞区，让第2杆下手时多虑。纵长579码的第11洞球道，让人惊绝于一望无际的碧蓝海水与翻滚的白浪，球洞区周围多沙坑，有一定难度，适合喜爱挑战高难度的球友。最大的特色在第17洞，因为前受水塘的阻碍，再加上左沙坑、右长草区的诱惑，必须靠精确的发球技术才能突围。第18洞更是精彩万分，一长列沙坑嵌在球道的中央，两侧球道一高一低并列，是喜爱精益求精的好手们技术再提升的绝佳选择。

图7–33

球会在1997年举办了第一届“海峡奥林匹克杯”高尔夫邀请赛，1998年承办了亚洲职业选手巡回赛第二站海峡奥林匹克邀请赛，正式将海峡奥林匹克球场推向国际舞台。2000年BAT中国职业联盟杯第三站福州精英赛，2001年雅居乐中国业余精英巡回赛第二站福州精英赛及贺龙杯的高尔夫邀请赛。该球会荣获2004年全国十佳球会提名奖。

球场距福州市中心40公里，至长乐国际机场15分钟车程，同三、京福及机场高速公路畅通全国，球场内设有贵宾招待所4幢及客房24间，给击球嘉宾提供住宿、餐饮的极大便利。

（四）上海国际高尔夫乡村俱乐部

上海国际高尔夫球乡村俱乐部成立于1990年，是上海乃至华东地区第一个国际标准的18洞高尔夫球场，它坐落在风景秀丽的淀山湖畔，占地103万平方米，距市中心约30分钟车程（图7–34~图7–35）。

图7–34

球场由世界著名的美国高尔夫球场设计大师罗伯特·琼斯（Robert Trent Jones Jr.）设计，球道总长度为7 025码，标准杆72杆。整个球场紧靠着淀山湖，充分展现了江南三角洲的自然风光。开阔的球道、充满风险诱惑的小湖、精心点缀的沙坑以及陷阱密布的攻岭路线吸引了无数中外高球爱好者来场一享挥杆之乐，被行家誉为最具挑战性的高尔夫球场之一。

图7–35

俱乐部的主会所是一座具有19世纪英国乡村别墅风格的建筑。会所的外壁砖瓦均按古式烧法精制而成，增添了会所高雅的风格和情趣。会所内大堂、专业商场、酒吧、餐厅、阅读室、台球房及桑拿浴室等设施一应俱全。三片网球场及1996年建成的拥有客房、餐厅、室内游泳池和棋牌室等设施的第二会所更为会员家属提供了一个娱乐、休闲的场所。

除了18洞国际标准的高尔夫球场之外，还有供初学者使用的3洞练习场、发球练习场和推杆练习场，并配有专职教练提供教学、指导。

该俱乐部组织的月例杯、开业杯、理事长杯和俱乐部杯等高尔夫比赛是会员们以球会友、切磋球技、增进情感、休闲强身的纽带。朱家角古镇旅游资源的开发，球场附近的大型青少年活动基地——东方绿舟的建成以及由市区直达朱家角的高速公路的开通，均为球手们打球、休闲度假等带来便利的交通和良好的外部环境。

（五）昆明春城湖畔高尔夫俱乐部

昆明春城湖畔高尔夫俱乐部位于中国南部省份云南省的昆明，坐落于清澈迷人的阳宗海湖畔，群山怀抱，湖水清丽，一年四季春光明媚，气候宜人，是世界最优美的高尔夫球度假村之一，堪称亚洲的高尔夫天堂。从昆明国际机场出发，在高等级公路上行驶，经过风景如画的乡村，约1小时车程便会抵达春城湖畔度假村。春城湖畔度假村的周围被天然温泉环抱，是泡浴和放松的最佳所在。可以说，春城湖畔度假村所提供的是世界级的挥杆享受。春城湖畔度假村由杰克·尼克劳斯设计，被1999年6月刊的《高尔夫文摘》评为中国及香港高尔夫球度假村之冠。除此之外，美国高尔夫文摘称春城为“中国第一高尔夫球场”，而香港高尔夫文摘将其列为“中国和香港地区十大高尔夫球场之一”。后者也将春城选为“维护最好的高尔夫球场”，并将5号洞和7号洞命名为“最佳球洞”。在连续五年时间里，此度假村被中国高尔夫杂志命名为“我最喜爱的高尔夫俱乐部”（图7-36~图7-38）。

图7-36

拥有四季如春、凉爽、舒适的气候，迷人的阳宗海风光和绵延的山脉，春城湖畔度假村曾经主办了几次重要的高尔夫联赛，同时也是受欢迎的公司会议的场所。度假村包括豪华别墅区和两个锦标赛高尔夫球场——湖畔球场由罗伯特·琼斯设计，山区球场的设计者为高尔夫球传奇人物杰克·尼克劳斯。两个球场自1998年完工之后，都获得了许多国际奖项。

图7-37

图7-38

（六）北京华彬国际高尔夫俱乐部

华彬国际高尔夫俱乐部是20世纪世界最伟大的高尔夫巨星、国际高尔夫球场设计大师、曾因18次赢得大满贯赛事冠军头衔而被誉为“高尔夫球王”的杰克·尼克劳斯先生与其子共同设计的跨世纪之作。他首次在辽阔的华北大地展现大师级的卓越才华，为华彬庄园设计出两个18洞国际标准锦标赛球场和一个9洞灯光球场，将三面环山的优美自然环境与秀丽的园林美景和谐地融为一体，堪称冠军级惊世杰作（图7–39~图7–41）。

图7–39

36洞国际标准高尔夫球场三面山峰环绕、得天独厚，每位来此挥杆的球手在体验大师设计的顶级高尔夫球场所带来的刺激乐趣的同时，还能够全身心沉浸于这山明水秀的大自然，放眼满目的绿草青葱，呼吸扑面的阵阵清风，拥抱蓝天碧草，于花香树影中随意挥洒，充分感受那份独有的悠闲自在和成功的喜悦，浑然忘却整个喧嚣的俗世凡尘……

图7-40

图7-41

附录五 中英文对照术语

A

Address	瞄球，击球准备动作
Advice	对别人的打法或其他技术上的事项提出建议
Again	重新击球，Play again 的缩写
Against logy	加一杆赛
Against par	标准击杆赛，以规定击球次数作对象来决定胜负。各球洞规定“击球次数”和“实际击球次数”之比，得胜球洞越多越好
Against wind	逆风、顶风
Albtross	双鹰，比标准杆少3杆
Approach	近距离切球，即在果岭附近要把球打上果岭
Approach cleek	轻击球杆，铁杆的一种，作推球进洞之用
Approach part	轻击区推杆，使球靠近小旗竿的长推杆
Apron	球洞四周草坡，草地四周下垂斜面
Approve	比赛结束之署名
Arc	杆头弧线，挥杆时，杆头经过的轨道
Arwy	计分杆数（前九洞的成绩取决于handleap）
Atert	正确记号（比赛结束后记分员检查记分卡证明“无误”）
Attend	陪伴（杆弟陪伴之意）
Average golfer	球技中等者（差点15～20者）

B

Back	朝后，向后
Back sole	朝后杆头底部
Back spin	回旋球（使用铁杆正确下击，球成反旋转）
Back swing	上杆
Back tee	发球区
Bad luck	球运欠佳
Baffy	4号木杆
Balance	平衡
Ball mark	球落下来之后打在地上所造成的痕迹
Balls up	数球，计算比赛结束的球洞，得胜球洞数从对方球洞数中扣除而剩余者

Banana ball	右曲球（美式）
Baseball grip	自然握杆法
Batting leg	击球腿（指左脚而言）
Bent grass	常绿草
Best ball	好球，以最少的杆数进洞，此项比赛以一人、二人、三人为一组进行，各球洞与对方最少的杆数相对抗
Birdie	小鸟球，或博蒂
Blade	扁平部
Blind	盲点，目标由于树木或地形起伏看不见的时候。另外一个意思是按照得分差失决定胜负
Blast	沙坑打球法，也叫做explosion shot，猛烈地打沙坑里的沙，使球飞出去
Blind hole	遮掩洞
Blow up	失势（不能挽回的混乱比赛）
Boger competition	标准杆数和个人杆数差异的比分赛
Bogey	补给，也称“柏忌”，高于标准杆一杆
Bone	羊角，为了避免球杆头的底部断裂而插进去的羊角
Booby	倒数第一，又称BB奖、精神奖
Brassie	2号木杆
Bunker	沙坑

C

Caddie	球童
Caddie Fee	球童费
Card	记分卡
Carrid honor	优先开球数：后半球洞中，得高分者在次一开洞区仍超前击球者
Carry	击球进洞：击球后球落到地面的距离
Cart	球车
Casual water	临时出现水区（雨水或地下水临时出现的积水区）
Casual Water	临时积水区
Chip	低飞球
Chip shot	打出滚地球让球滚进球洞
Circuit	巡回赛
Claim	抗议（比赛中对方违反规则所提出的意见）
Clean	直接击球
Clear	过洞，球员通过的球洞
Cleek	5号木杆
Close	朝内
Close championship	非公开赛（参加者限特定人员）
Close stance	封闭站姿：左脚稍向前，左奔站姿，挥杆时右脚略拉向后方的姿势
Close stuce	朝内站姿

Close tee	球停在草坪地带短草上
Closed stance	闭合式击球姿势
Club	球杆
Club face	杆面：杆头击球面
Club handicap	俱乐部名人赛：各俱乐部登记的高得分者，不被公开赛所认可
Club head	杆头
Club house	俱乐部会所
Club length	杆长：测定球位置距离的标准
Club rental	球具出租
Cock	屈腕挥杆：在挥杆时，左手腕向拇指方向弯的一个动作。移向上挥前，弯曲手腕挥动
Compition	比赛
Compititor	比赛者
Compression	高尔夫球本身的硬度
Course	比赛场地的全貌，包括18个洞的全部。公开赛全场须达5 944米，18个球洞
Course	球场
Course record	球场记录
Cross lunker	遮断球路障碍物，侵入草坪地带的障碍物
Cuppy lie	打低洼地带加以击出
Cut	切击
Cut in	切入：中途加入比赛，不顾球场顺序的玩法
Cut up	击高球

D

Dead	死球：掉落地点，球不能转动而停止
Death grip	握杆僵硬（过度用力握住球杆）
Dig in	挖地
Digging	杆头击中地面
Dipping	倾斜
Displasing ball	换置球位
Disqualify	取消比赛资格
Distarb	妨碍
Ditch	球路沟渠
Divot	杆头削去草皮、草痕
Dog leg	狗腿洞
Dorwy	领先球洞与剩余球洞相同
Double bogey	双柏忌，比标准杆多二杆
Double eagle	双老鹰，低于标准杆三杆
Down swing	下杆
Draw	左曲球

Drive	发球
Driver	木杆
Driving countest	击球比赛
Driving range	练习场
Duff	打到球的底部
Drop	在遗失球或其他状况要将球重新定位时，令球由空中自由落下
Dyuawite	厚杆头球杆（弯形9号铁杆，底部厚而重，打击落入障碍球前的沙粒用）

E

Each	保持击数：各自得分。例如：6each为各击出 6 次
Eagle	老鹰，低于标准杆二杆
Early cock	早期曲腕（Set and Swing）
Edge	果岭及障碍物球洞等四周边缘
Edge	果岭边缘
Entrance fee	入场费
Entry	申请
Even	同分（打击数相等者）
Event	比赛项目
Extra hole	延长比赛用球洞：若规定球洞中进球数未决胜负，则追加以决定胜负

F

Face	球杆面
Fade	右曲球
Fade ball	落地时往右滚的球
Fairway	球道
Fairway banker	草坪地带的沙坑
Fairway wood	球道用木杆
Fast green	快速滑球果岭
Fellow competitor	同伴竞技者
Finger grip	手指握杆法：与自然握杆法相对称，有强握及叠握两种
Finish	完成最后一洞
Flange	厚底（杆头底部较厚者）
Flat swing	平挥杆：指以接近横向的打法挥杆，这是矮个子的挥杆法
Floater	浮球（水面浮动的球）
Fluke	侥幸打中
Follow through	送球：自球杆击到球之后到结束的这一段动作
Follow wind	顺风（也可以说Fallow）
Fore	躲开（击球者提醒他人注意后方来球）
Fore caddie	前方服务员：杆弟的一种。未了解目标所在，便由此人站在该处，比赛时当做局外人，不得由选手自己雇用
Form	姿势

Four ball match	四球比赛（与双组比赛不同，由两组最低的杆数决定胜负）
Foursome	一组二人同他组对抗，各组相互击出一个球
Fried Egg	荷包蛋（形容球在沙坑内）
Friendly match	同伴亲善比赛
Fringe	果岭边缘
Front tee	前方球座（妇女或一般球技者用）
Full face	高挥杆面
Full set	整组球杆（14支）
Full swing	高挥杆
Furrow	障碍平整后残留地面的痕迹

G

golf	高尔夫球运动
golfer	高尔夫球手
Golf ball	高尔夫球
General rule	基本规则
Glass lunker	障碍物草
Gloves	手套
Goose neck blade	鹅头刃部：杆柄及头部连接处，如鹅颈般弯曲的轻击杆
Green	果岭：在洞口附近，特别将草修得很平整的地区，只能用推杆
Green fee	果岭费
Green guard bunker	果岭边缘的沙坑
Green keeper	果岭管理者
Grip	基本握杆法
Grooved swing	正确挥杆动作
Gross	总杆
Ground address	杆头触地
Ground under epair	待修复之地
Guard	保护（配置在果岭四周难以接近的障碍物）

H

Half	半场
Half swing	轻挥杆（打击一半距离的方法）
Halls up	数球（计算比赛结束的球洞，得胜球洞数从对方球洞数中扣除而剩余者）
Hand first	右手从上覆盖的握杆法
Handicap	差点：比赛者的实力与标准杆之差数。例如，某人实力92杆，其与标准杆72杆差20点，则其差点为20
Hazard	障碍：指水障碍、沙坑及耙子等可移动障碍
Hdcp	表示困难球洞顺序
Head	杆头
Head-speed	杆头速度

Holable	一击能进洞的近球
Hole	球洞：直径10.79厘米，深度10.16厘米以上
Hole down	净负洞数（分洞比赛时所输的球洞数）
Hole in one	一杆进洞，在开球座上一杆进洞
Hole match	分洞比赛，跟Match play同一个意思
Hole out	在高尔夫比赛中，不管多么接近，均要将球击入洞中，加以取出，结束该球洞比赛之意
Honor	优先发球者
Honorable member	荣誉会员
Hook	左旋球、左曲球，实际上是开始时击到右边去，然后再弯到左侧
Hook face	偏左杆面
Hook grip	偏左握杆
Howe	第18洞

I

Imaginary line	假设线
Impact	击球的瞬间
Impact face	击球面
In	后九洞
In lounce	允许比赛的地区
In play	进行比赛中，指开球到球进洞
In playable	死球（球进入不能打击处）
In side	内侧
Indoor	室内
Inland course	内地球场，山区或平野球场
In-side-out	向外挥杆，挥杆时的杆头由内侧挥向外侧
In-side-in	杆头的轨道由内向外挥，最后又回到内侧来
Intentional slice	定向右偏球：有意识击出的右偏球，属于高级球技
Inter club watch	运动协会对抗赛
Inter locking	连锁握杆法
Interface	障碍
Into the cup	使球从四个入口滚入球洞的方法
Invitation warch	邀请赛
Iron	铁杆

J

Jack Nicolas	杰克·尼克劳斯
Jerk	猛击
Jerking	猛击球：用杆柄及头部连接处击球
Jigger	10号铁杆或11号铁杆
Just middle	正中球心

K

Kick	反弹球
Kill	用力出球

L

Lady tee	女子发球区
Last call	最后比赛：年度结束举办的比赛
Last hole	最后一洞，决定胜负的最后一洞
Late bitt	解开曲腕
Late beginner	中年才学打球者
Lateral water hazard	侧面水障碍
Lead	引导
Length	长度：球场距离
Lie	球位：杆柄和球杆底部的角度
Lift	挑高球，将球击高
Like	二人要击数相同
Line	推球线，球与洞之连线
Links	球场
Lip	洞边，球洞边缘
List action	手腕动作
Local knowledge	熟悉各球场特性
Local rule	当地规则或特别规则
Loft	球杆的倾斜度、击球面的角度
Long putt	推杆距离
Long thumb	拇指伸长
Looping	飞球弧线偏左，飞球线不平行而偏向内侧
Loose grip	轻握
Loose impediment	非固定障碍物，如球场内树叶、石块等

M

Makable	有足够可能性将球推击入洞的推击
Make	1.以一定的杆数打一轮或球场 2.打出一定的杆数
Mallet/mallet-head	具有比楔形推杆更宽、更重杆头的推杆
Mallet putter	镰刀型推杆：杆头形状呈镰刀状但圆厚笃实的推击杆
Mark	1.标记，为了便于识别球在球上做的记号 2.按照规定拿起球时标定球的位置的动作
Marker	1.记分员 2.球标，在按照规则拿起球时标定球的位置的小物品
Marking	球杆杆面上的刻痕：在附属规划II中对球杆杆面的刻痕有详细的规定："除去特定的刻痕以外，表面的粗糙度不得超过装饰性喷沙的粗糙度。刻痕不得有能以手指感觉出的锐缘或凸起的棱纹。"

Marshal	巡场员，维持秩序的人员：由委员会指定的球场内的巡视员，主要任务是维持观众秩序、监督球员打球的速度、向委员会报告比赛中发生的问题等
Mashie	1.见于1880年前后，为具有一定杆面倾角的铁杆，用于切击以获得较大的倒旋（现已不使用） 2. 5号铁杆的别称
Mashie iron	1.杆面倾角小于mashie的铁杆，用于击打远距离球和打向球洞区的全力击球（现已不使用） 2. 4号铁杆的别称
Mashie–niblick	1. 杆面倾角适中，用于打劈起切击球的铁杆（现已不使用） 2. 7号铁杆的别称
Master	名人，高手
Masters	大师赛，名人赛

N

Neck	杆头，球杆的颈部。
Neck cell	球杆杆颈与杆身接合部位使用的赛璐珞（celluloid）片，有时也使用铜线缠绕或以金属管代替，但是一般重量不会超过3克
Needle	在赌博未分出胜负时以其他的赌法决定
Net	净杆，净杆数：指在有差点的比赛中以实际杆数减去差点以后的分数。如果一名球员的差点是18，他在一轮比赛中的实际杆数是92杆，则他的净杆数应该为： 92–18=74杆
Net score	净杆，净杆数。同net
Never up never in	不到之球，不入其洞。高尔夫球推杆技术格言。距离不到球洞的球绝不可能进洞，即建议球员在进行推击时用力要宁大毋小
New way of flat swing	新型平式挥杆
Nine	9洞的高尔夫球场 – 18洞或更大的规模球场中的连续9个洞
Nine–iron	9号铁杆：杆面倾角45°~48°、放置着地角62°~64°、长度35英寸（0.889米）、击球距离105~140码的铁杆。 别称niblick
Nineteenth–Hole/19th hole	第19洞 指高尔夫球场院或俱乐部的酒吧——打完球后喝一杯的场所
Non heel	无跟部铁杆 指铁杆杆头的跟部与球杆颈之间没有明确的界限，而是呈弧形接续。因为这种球杆的跟部和颈部没有明确区别，所以适于各种不同体形的球员在击球准备时的著地角
No return	未提交记分卡，弃权
Normal loft	正常杆面倾角：指铁杆杆面倾角的英国标准，自1940年起作为标准杆面倾角而通用，具体标准如下：3号铁杆24°、4号铁杆28°、5号铁杆32°、6号铁杆36°、7号铁杆40°、8号铁杆44°、9号铁杆48°、PW杆52°、SW杆58°
Nose	鼻，特指木杆杆头的趾部，同toe
Number	号码，球杆的番号

O

OB	界外
Observer	观察员。规则中规定：“观察员”是指由委员会指定的帮助裁判判断事实问题，并向其报告违反规则情况的人员。观察员不应照管旗杆、站在洞边或指示球洞位置、拿起球或标定球的位置
Obstruction	妨碍物
Odd	在比洞赛中，一洞中比对手多一杆的击球

Official	正式的，公认的
Official competiton	正式比赛
Official handicap	正式差点：指由高尔夫球协会或高尔夫球俱乐部提供的公认差点
Official scale	球杆测重计
Offset	铁杆的杆头较杆身轴线稍稍偏后的状态
Oil harden	四五十年以前为了使木杆杆头防水、防湿和更加坚硬而采用的桐油浸渍法
On	球位于球洞区上
One-iron	1号铁杆：杆面倾角17° 左右、放置着地角56° 左右、长度39英寸（0.990 6米）左右、击球距离185~220码的铁杆。 别称driving iron
One on	一杆将球打上球洞区：指从发球区发出的球最后停止在球洞区上
One piece swing	一体挥杆：指身体在各部分有节奏、有顺序、无停顿和间断的流畅的挥杆动作。是现在最为提倡的挥杆动作
Open stance	开放式站位：相对球的飞行方向左脚较右脚偏后的站位方式。一般在用短铁杆打高球或有意识打右曲球时采用的站位。采用开放式站位而球杆杆面正对击球方向进行挥杆时，由于上挥杆时左肩不易打开而形成由外向内的挥杆轨迹，导致右曲球
Opponent	比洞赛中的对手
Order of play	打球顺序：在比洞赛中如果打球顺序错误，若对手提出要求则球员必须取消该次击球重新打球，而在比杆赛中即使打球顺序错误也不必纠正，只是出于对同组球员的礼貌和尊重而不应这样做
Original ball	初始球：球员最初从发球区打出的球，相对暂定球和按照规则打的第二球而言
Original lay	原来的球位：球移动或被移动、球被打出之前的地点，即需要回到原来位置抛球或放置时规则认定的地点
Out	18洞高尔夫球场中前九洞的俗称
Out course	18洞球场中的前九洞
Out of bounds	1.球位于界外 2.界外区域，一般简称OB
Outside agency	局外者。规则定义中说明：“局外者”是指比洞赛中与比赛无关者，比杆赛中不属于比赛者一方者。 裁判员、计分员、观察员及前方球童均为局外者。风及水不是局外者
Out-side-in	从外向内的挥杆。指下挥杆时，球杆的杆头从击球线的外侧向内侧通过的击球方法
Oval neck	椭圆颈，卵形颈。铁杆的底面从趾部至跟部不是平面，而是呈椭圆形状，这样可以减少底面与地面之间的接触面积，便于调整著地角，利于杆头击球通过和切削草皮，加大杆头速度
Oval sole	椭圆底面。铁杆的底面从趾部至跟部不是平面，而是呈椭圆形状，这样可以减少底面与地面之间的接触面积，便于调整着地角，利于杆头击球通过和切削草皮，加大杆头速度
Over	1.超过。球越过目标，打得过远 2.超过规定的标准杆数。如超过标准一杆为“one over par”
Over clubbing	在向球洞区打球时因为选用了不必要的大球杆而将球打过了球洞区。通常说“杆用大了”
Over drive	发球距离远，在发球区打出的球较一起打球的其他人远得多
Overlap	重叠式握杆
Overlapping grip	重叠式握杆：握杆法的一种，握杆时，右手的小指搭在左手的食指与中指的中间间隙处，这种握法是使用最为广泛的方法。其优点是能够较好地保持两手的一体感，有利于控制左右两手用力的平衡

Overspin	正旋，上旋，击球后球向击球线方向旋转
Over swing	过度挥杆：过度挥杆是指因上挥杆的动作幅度过大而使挥杆动作的平衡破坏

P

Pair	1.在比洞赛中作为伙伴的两个球员 2.在比洞赛中将两个球员作为伙伴编在一起 3.在比杆赛中,两个球员一起在同组打球 4.在比杆赛中将两个（或更多的）球员编在一组打球
Pairing	比杆赛中两个球员一起打球的编组
Palm grip	掌握杆： 1.强力握杆 2.以手掌握杆的方法。在握杆时,左手主要以手掌握杆为掌握杆,右手主要以手指握杆为指握杆（finger grip）
Par	1.标准杆：指某一球场设定的各洞、一轮的标准杆数 2.在一洞打出标准杆
Par break	打出较标准杆低的成绩
Par competition	以标准杆为对手的比赛，对抗标准杆比赛。在比赛中每个选手都将各自的差点按照规定分配到相关的各洞，然后以各洞分数与该洞标准杆的关系计算点数
Parkparkland	短草区域较多、只有少部分长草区的球场
Pass	先行通过：指在寻找球或打球延误时请后组的球员先行通过
Peg	球座：以木头或塑料制作用来在发球时架球的球座。同tee peg
Penalty	处罚：指对于违反规则行为施加的处罚。一般分为罚杆、罚距离和取消资格几类
Penalty stroke	罚杆：规则规定："罚杆"是指按照相应规则条款对球员或一方的分数施加的杆数
Penalty of stroke and distance	击球和距离的处罚：球员在受到或接受这种处罚时，必须回到原来的地点，在尽量接近原来球的所在位置处打球，此时球员上一次打球的距离被取消，还要接受加罚一杆的处罚，在打出的球界外时、球遗失时，必须按上述处罚和处置程序，在球进入水障碍区时或宣布球为不能打时，可以选择上述处罚接受处置
PGA	职业高尔夫球员协会的简称：全称为Professional Golfers' Association
PGA Tour	职业巡回赛：由职业高尔夫球员协会组织的职业巡回赛
Pill	球
Pimple	属于多近钩子属植物，欧洲黑莓：荆棘
Pin	对旗杆的俗称：作为目标时也指球洞，见flagstick
Pin placement pin position	球洞在球洞区上的位置 – 比赛前一般委员会会确定各洞位置并将资料在赛前发给选手
Pinsetter	负责确定球洞位置的指定人员
Pinsetting	球洞位置：同 pin placement
Pitch	切击，劈起击球。击球方式的一种，打出的球具有很高的弹道，特别具有明显的倒旋，通常用于近距离内将球打上球洞区或使球越过有麻烦的区域
Pitch–and–	仅使用劈起杆和推杆的小型短距离球场。每洞标准杆都是3杆
Puttpitch–and–run	腾滚球：在球洞区周围近距离球的打法之一
Pitch–in	直接切击入洞
Pitching irons	1. 短铁杆 2. 八号铁杆的旧称：同 lofter`pitching niblick

Pitching niblick	8号铁杆的别称：同pitching iron`lofter
Pitching wedge	劈起杆：特殊铁杆的一种，球杆杆面的倾角约为48° ~52°，放置着地角63° ~65°，球杆长度35英寸（0.889米），是打近距离时常用的球杆
Pitch shot	劈起球，腾起球：在球洞区周围近距离球的打法之一
Pivot	挥杆过程中肩、躯干和脊柱的回旋轴，扭转枢轴。挥杆过程中身体沿着中心轴扭转的过程。如果中心轴出现偏移会导致击球失误
Place	1.地点，场所 2.放置球
Plateau	1.高原，顶部为平面的高丘，台地 2.高出地面的台形球洞区
Plateaued	坐落于高丘上的，位于高丘上
Plateau gren	台形球洞区
Play	1.打球，以球杆击球 2.进行击球 3.打球的动作 4.比赛方式
Playable	可以打的（球）：区别于 unplayable
Playclub	杆面倾角最小、击球距离最远的木杆的旧称，后来称为driver
Playing Professional	巡回赛职业选手
Play off	1.从发球区开球 2.在出现平局时通过加洞或加轮的延长赛以决定胜负
Playoff	延长赛，加赛：指在比赛中出现平局时进行数洞或18洞的延长赛以决定胜负
Plugged lie	煎蛋球。球在落进沙坑时，因为球下落时的冲击力而使球的一部分或大部分埋在沙中的位置状态，同fried lie
Plus-man	具有较无差点球员更低差点的球员，差点为负数的高水平球员
Point	点，得分，要点
Pop	近距离高抛球，球杆头直接从球下面通过，打出的球很快高高飞起
Pot bunker	锅盆状沙坑。指深而小，坑壁陡峭的沙坑
Pro line goods	球具店，高尔夫球俱乐部内的专卖店，同pro shop
Pronation	回旋，上挥杆时左手和左臂内旋、右手和右臂外旋的动作
Pro test	职业高尔夫球员资格考试
Provisional ball	暂定球
Public course	公众球场，指对任何人都开放的非会员制球场
Pull	拉击球，拉出式击球，同pull shot
Pull-hook	左手球员击球时球飞向目标线的左侧，并由于带有侧旋而向左的曲线，左手球员则相反
Pull shot	拉击球，拉出式击球，击球后球直飞向击球方向线左侧的失误球

Q

Quarter swing	1/4挥杆
Qualify	预赛，资格赛
Qualifier	取得参赛资格者
Quarter-final	1/4决赛

R

Regular	标示球杆杆身硬度的符号，表示杆身硬度为一般标准硬度

Rabbit	1.跳球：指打出去的低球像兔子一样跳动着前进 2.小有成就的业余高尔夫球，具有一定才能的业余高尔夫球员 3.没有取得免除选拔资格，必须参加预选才有可能取得参加巡回赛资格的职业球员
Radiused sole	弧形杆底、铁杆底部呈弧形的状态
R & A(Royal and Ancient)	英国高尔夫球协会正式名称：皇家古代高尔夫球俱乐部（Royal & Ancient Golf Club）
Rake	1.铁杆的一种，有较大的杆面倾角，由杆面底部向上有竖直的锯齿形沟槽，用于打位 于水中或者沙坑中的球，现在已不再使用 2. 沙耙：用于平整沙坑内沙的耙子
Range	击球练习场，同driving range
Ranking	名次，排名
Rap	果断而有力地推击
Read	阅读球洞区，认真察看和理解球洞区的起伏和草纹
Recall	撤销：要求取消违反规则的打球，重新按照规则打球，或者取消违反规则的球杆或球等
Recessed marking	球表面的小凹：同dimple
Record	1.记录/球场记录 2.计分
Recover	救球，挽救性击球：从长草区、障碍或任何麻烦的地方将球打到理想的位置或球洞区上
Recovery shot	救球，挽救性击球，指将处于困难状态的球很好地打出
Referee	裁判员：规则上对裁判员的定义为："裁判员"是指由委员会指定的与球员同行、判定事实问题并执行规则的人员
Regulation	打出标准杆
Release	还原动作：指在下挥杆进入击球状态时即通过下挥杆—冲击球—顺势动作将上挥杆过程中向拇指侧曲的手腕还原的动作
Replace	重放置球
Resort course	疗养地球场/度假村球场：指建有各种综合休闲设施的高尔夫球场
Reverse overlapping grip	反重叠式握杆：握杆方法的一种，主要用于推击杆的握法。这种握法与普通的重叠式握杆基本相同，不同点为不是由右手的小指叠搭于左手的食指与中指的缝隙上，而是左手的食指搭在右手的小指与无名指之间或伸直斜搭在右手小指、无名指和中指上。 这种握杆方法可以防止左手手腕向手背方向屈曲，避免多余手腕动作
Ribbed	铁杆的一种，杆面上有肋形脊状棱纹和沟槽，现在已不再使用，且其设计不符合现行的规则
Rim out	涮边球：球在球洞边环绕而过没有进洞
Ring mashie	古典球杆的一种，主要是为了将水中的球打出，其特点为球杆表面开有条形孔洞
Roll	1.滚动、球落地以后的滚动 2.推击出的球沿着地面平滑地前进，滚动很小 3.木杆杆面表面的弧形状态 4.在挥杆过程中手腕的回旋动作 5.在挥杆动作中使手腕回旋
Roll in	推击入洞
Roll over	转腕动作：在冲击球过程中，双手和双手手腕的回转动作，也称 wrist turn
Rough	长草区：球场上草或其他植物明显长于球道上的草的区域
Round	轮：在高尔夫球比赛中按照顺序连续打完18洞即为打完一轮
Round robin	比洞赛比赛形式的一种，以各洞的输赢得分的总和决定胜负的方法
Royal and ancient	皇家古代的，高尔夫球运动的传统称号

Running approach	近距离滚动球：滚动球一般球位于球洞区周缘处或球与球洞区之间草修剪得短而整齐且地面十分平坦时以及球位于裸地上时使用，其打尖接近于推杆的打法，是球洞区周围近距离打法中最安全可靠、准确性最高的，甚至可以把它看成是延长至球洞区外的推击球
Run up	1.短而低的近距离击球，球落地后弹跳并向上滚动向球洞区的球 2.短而低的近距离击球
Running shot	近距离滚动球的击球

S

Safari tour	非洲远征巡回赛：从冬季至春季之初在非洲举行的职业高尔夫球巡回赛，主要在象牙海岸、肯尼亚、赞比亚、津巴布韦等地举行
Sand–blaster	沙坑用杆的别名
Sand brust	喷沙法：为了增加球体与球杆表面的摩擦而在铁杆的杆面上喷涂铁粉或树脂粉末的一种加工方法。 同shot brust
Sand bunker	沙坑
Sand green	1.沙地球洞区：以沙代替草地的球洞区。在这种球洞区上注以油性液体并经常用压筒滚压以保持球洞区表面的平整 2.沙土基础的球洞区：现在建造球洞区时，一般都是先挖下几十厘米，最下面铺好排水管，上面铺设砺石，然后铺上大约35到50厘米厚的沙土，这种铺设方法使球洞区表面不易变得硬实，可以保持球洞区表面良好的通透性和渗透性，有利于草的生长，并且在经过球员踩踏后能够很快恢复原状，所以最近被广泛采用
Sand wedge	沙坑用杆：在较深的沙坑尤其是在球洞区周围的沙坑中使用的特殊短铁杆，主要用于打爆炸式击球
Schenectady putter	[T]型推杆的别称
Sclaffschlaff	击地球：球杆杆头打在球后面的地上
Scoop	在击球之前为了打高球而向上抄挖球
Score play	比杆赛
Scotch foursome	苏格兰式四人赛：不论在前一洞一方的哪一个人最后击球入洞，在发球区上轮流开球的四人二球比洞赛
Scraping	拨动：拨球以球杆的杆头触球并拨动
Scratch	1.无差点的比赛 2.差点为零 3.平标准杆的分数
Scuffing	啃地球：击球之前球杆头打在球后面的地上的失误动作
Seaside course	海岸球场：沿着海岸建设的高尔夫球场
Second	第二杆：从发球区发球后的击球
Secret hole	秘密洞：在以佩奥利亚方式（Peoria System）决定参加比赛者的差点时，比赛组织者在不告知选手的情况下选定6至12个秘密洞，比赛结束后再以选手在选定的洞的杆数计算出其差点
Serious breach of Rule	重大违反规则行为，严重犯规
Service hole	容易打标准杆的洞
Set	套，组：一套高尔夫球杆应该包括3至4支木杆、9至10支铁杆和1支推杆，规则规定，球员打球时所携带的球杆总数不能超过十四支
Setup	球员为进行击球准备做好身体姿势
Set up	调整身体姿势进行击球准备
Shank	1.接座：高尔夫球用语中指铁杆的杆头怀杆身的连接部分 2.失误球：以铁杆的接座部分或杆头跟部击球，一般球直接飞向目标方向线的右侧
Shanking	用球杆击球时以接座部分打到球而产生的球极度曲向击球方向线右方的失误球

Short	短，短的，距离不够的：在击球以后没有到达预定的目标常称为打短了
Short course	短球场－总长度较短，大部分为短洞，有一些中洞，没有长洞的小型球场
Short cut	1.捷径，抄近路：狗腿洞等情况下不按照常规的路径打球，而是选择近路，越过水塘、树林或山谷等直接将球打向目标 2.在一轮中不按照正规的顺序打球而是越过一洞或数洞 ，例如打完第三洞之后直接打第七洞。这种行为违反高尔夫球规则，且不符合球员礼仪规范的要求
Short game	将球打上球洞区的击球，近距离击球以及推击， 在近距离击球及推击方面的表现
Short hole	短洞，标准杆为三杆的洞：按照规则，男子短洞的距离为290米（250码）以下，女子的距离为192米（210码）以下
Side	1.一方，比赛同方 高尔夫球规则中对一方的定义为：一方是指一个球员，或两个或两个以上互为同伴的球员 2.球场中一轮的一半，9个洞
Side blow	横扫式挥杆
Side bunker	侧面沙坑：位于球道左右侧的沙坑，用于拦阻左曲球或右曲球
Sidehiller side	位于斜面状态的球
Sidehill lie	斜面球位：指对球站位进球的位置低于或高于两脚位置的状态
Sidehill up	仰斜面球位：指对球站位时球的位置高于两脚位置的状态
Side metal	背面加重：指附加在木杆杆头背面的金属嵌块。同back weightside sole
Saddle putting	体侧推击方法：非传统的推击方式，站位时身体进接面向球洞，将推杆置于身体一侧进行推击
Single	一对一的比赛
Sit down	切击的球落到球洞区上之后倒旋并停止
Sit up	浮停在草叶上的球

T

Takeaway	上挥杆
Take back	后摆杆；上挥杆
Take away	后摆杆的启动
Tap in	将很短的推击击球入洞
Tap-in	非常短的推击
Target line	1.目标方向线 2.采取击球准备以后球杆杆面的朝向：如果杆面目标方向线垂直，为平行杆面（square face）；如果杆面朝向目标方向线的右侧，为右曲杆面（slice face）；如果杆面朝向目标方向线的左侧，为左曲杆面（hook face)
Tee	1.发球区：规则的定义中说明，发球区是正在打球一洞的起始区域，是由从深为两球杆长度、前边和两侧由两个发球区标记的前缘和外侧缘限定的长方形区域。当球的整体位于发球区以外时，该球为发球区外的球。如果球员从发球区以外的地方发球，在比杆赛中球员必须在接受加罚两杆的处罚后重新在发球区内发球；比洞赛中对手可以立即要求球员取消本次击球，重机关报从发球区发球而不受罚。为了适合不同场合和不同球员的使用，一个洞的发球区一般分为锦标赛发球区、后方发球区、前方发球区和女子发球区。tee也指为了用于发球而特别设置的发球台。同teeing ground 2.球座：发球前用认将球架起的小沙滩，现在以木制或塑料制球座代替。 同tee peg 3.架球：同tee up
Tee box	发球区
Teed eed up	位于球洞区通道上的球处于浮位

Tee holder	球座夹：用于携带球座的小用具，可以将球座插在上面
Teeing	架球：为了发球而将放置在地面上或球座上。指在发球区上为了更好地以球杆杆面的[甜点]击球而将球架在球座上。在规则上，只要在发球区上为了打球而放置球即为teeing，不论使用球座与否。同tee up
Tee marker	发球区标记：用以限定发球区区范围、代表发球区位置的标记。发球区标忘掉颜色根据发球区的不同而异，锦标赛发球区标记一般用黑色或金色；后方发球区标记一般用蓝色或黄色；前方发球区标记一般用白色；女子发球区标记一般用红色
Tee–shot	发球区上的第一杆，在发球区上的第一次击球
Temporary green	临时球洞区：在对球洞区进改造或球洞区出现异常时，特别修建的临时球洞区
Temporary tee	临时发球区：在对球洞区进行改造时，特别修建的临时发球区
Tenfinger grip	十指握杆法：握杆方法的一种。同baseball grip`matural grip
Test	测试：规则规定，球员不得在一洞拖拉机球中以滚动球、摩擦球洞区表面对球洞区进行测试，违反者将被加罚两杆。同样，球员也不得测试沙坑及水障碍区的状态
Texas Scramble	得克萨斯最佳球位置：比赛方法的一种，基本与scramble相同，只是球位被选用的球员在自己的球位处不能击球，只能在下一杆选定的球位处打球
Texas wedge	得克萨斯铁杆，推杆的别称
Thin	打“薄”了：指在击球时球杆杆头打在球中心的上部
Three–putt	三推击
Three–quarter shot	四分之三挥杆：控制挥杆的一种。挥杆的幅度为全幅度挥杆的四分之三，上挥杆顶点时左手的位置大致在右肩的高度
Threesome	一对二比赛：每一方各打一个球的比赛
Through the green	球洞区通道：按照规则的定义，球洞区通道是指除正在打球一洞的发球区、球洞区以及球场内的所有障碍区以外的所有区域以外的所有区域
Tigher country	深长草区 tigher 狭窄的（球道），有狭窄球道的（球场）
Toe	1.趾部：球杆杆头的前端部分。同nose 2.以球杆的趾部击球
To go	比洞赛中计算胜负洞数时对尚未打这之洞的说法
Tomb–stone	墓石式比赛：比赛方法的一种。参加比赛的球员以球场的标准杆加上自己的差点数，算出自己的可打杆数，然后从发球区开始打球直至打完氛的可打杆数，在球的最后停止处插一面小旗，球的位置最靠前者为胜
Top	剃头球，打在球的顶部的失误球 在下挥杆时身体上提，或冲击时头部突然抬起造成球杆杆头上抬，以及下挥杆节奏太快，用力过猛等，击打在球的顶部
Top of swing	挥杆顶点：指上挥杆至最高点之后、开始下挥杆之前的状态

U

Uncock	下挥杆至[击球区]时，在上挥杆杆过程中外展的两手手腕还原的动作
Uncoil	上挥杆到达顶点后开始下挥杆时扭转的上体的还原动作，见coil
width="21%"bgcolor="#99FF00">Underclub	在特定的击球中选择了较小的球杆
Under clubbing	在向球洞区打球时因为选用了较必要的球杆小的杆而没有能将球打上球洞区通常说杆用小了
Under handicap	有差点的比赛。因为有差点才能使用权不分男女老幼、不同水平的人能够在一起同时享受高尔夫球运动的乐趣，可以说高尔夫球能最有效地利用差点体育运动
Under par	以低于标准杆的杆数打球，例如低于标准杆一杆为（one under par）

Underspin	倒旋，同backspin downspin
Undulation	球场地面或球洞区表面上的小波浪形的变化、起伏
Unplayable	不能打之球，无法打之球 按照规则第二十八条规定：球停止在水障碍区内或触及水障碍区的场合除外，球员可以在球场内的任何地方宣布自己的球为不能打之球。球员是唯一能够决定自己的球为不能打这球与否的人。也就是说，球员可以在任何时间、任何地点宣布自己的球为不能打之球。球员在决定自己的球为不能打之球后，必须加罚一杆，然后采取下列任何一种处置： 1.在尽量接近该球最后打球或被移动的地点进行下一次击球 2.在该球停止处二球杆范围内而且不更接近球洞的地点抛球 3.在球洞与该球停止地点的连线上，该地点的后方抛球，此时只要是在球停止处的后 方，无论距离多远都不受限制
Up	1.在推击时尽量使球接近球洞 2.在比洞赛中领先对手，如领先一洞为 1 up
Up and down	1.从沙坑等麻烦的地方击球，球直入洞 2.球场的上下起伏多的状态，较为大的起伏
Uphill lie	上坡球位：指对球站位时左脚的位置高于右脚的球的位置状态
Upper blow	上击球：一号木杆的击球方法。在杆头从挥杆的最低点通过后杆微微仰起击球的打法，打球时身体重心左移，打出的球弹道较高
Upright swing	直立式挥杆：即高举高打式挥杆，挥杆面靠近身体，接近于直立的挥杆方式
US Open	美国公开赛
Upswing	上挥杆

V–W–X

Vardon grip	瓦尔顿握杆法：即重叠式握杆。握杆方法的一种，因为这种握杆法是由英国职业的高尔夫球员哈利–瓦尔顿（Harry Vardon）发明的，所以也称瓦尔顿握法，同overlapping grip
Vardon trophy	瓦尔顿杯：授予美国职业巡回赛（US PGA TOUR）最优秀平均杆数球员的奖环。创始于一九三七年，赠予一年中参加八十轮以上美国职业巡回赛赛事的球员中平均杆数最少的职业球员
Veil grip	反重叠式握杆：推击杆握杆方法的一种。 见reverse overlapping grip
Vertical line	垂直线：指铁杆杆横向刻痕两侧的两条纵线 rertical roll 纵向弧面 指木杆杆面从上向下的膨起弧面
Vshape	V字形结构：要采用平行握杆（square grip）时，两手握好球杆后，左、右手拇指和食指构成的[V]字形的尖端应该指向右肩和下巴之间
Waggle	预摆动作：在做好站位之后，上挥杆之前为了消除紧张而进行的球杆杆头向球的方向的轻轻摆动
Walker cup	沃克尔杯英、美对抗赛 英、美业余对抗赛每两年举行一次，其奖杯为乔治. 沃克尔于一九二二年赠予该赛事，因此而得名
Warming up	准备活动
Water club	专门用来打水中的球的球杆
Water hazard	水障碍区：规则中的定义为：水障碍区是指海、湖、池塘、河川、水湾、排水满、无覆盖水渠（无论有水与否）及其类似的水域。水障碍区的界限内之所有地面与水为该水障碍区的一部分
Weak grip	无力型握杆：指左手握得很浅，而右手过于扣在左手上的握杆方法
Weight shift	体的移动，体重的转移。在做击球准备即瞄球时身体的重量基本上是均匀地分布在双脚上，挥杆过程中，上挥杆时体重逐渐向右脚转移，最后结束动作完成后体重全部左腿支撑
Whiff	1.进行击球时完全失误，根本没有打到球 2.打出一示以后完全看不到球，遗失球

Whipping	1.挥杆的鞭打动作 2.以线缠绕木杆颈以起到保护作用
Wind cheater	在逆风时，有意识地打出的低球。这种球有强烈的倒旋，所以刚刚飞出去时很低，到飞行未段才逐渐升高
Wing bunker	球道两侧的翼状沙坑
Winning ball	在职业选手的比赛中，比赛结束，时优胜者在最后一洞击球入洞后拿起来扔向观众的球
Winning shot	决定胜利的击球
Winter rules	冬季规则：指冬季草的状况不良时制定的允许移动球的特殊当地规则
Wry-necked putter	鹅颈推杆：同goosc neck
X：extra stiff	标示球杆杆身硬度的符号，表示杆身硬度为很硬，另外，作为杆身硬度的表示，X为超硬，XX为极硬，XXX为超级硬度

Y

Yardage	以码来表示球场或洞的距离
Yardage board	距离表示牌：树立在各洞发球区上的指示牌，上面写有该洞的序号、洞的长度、标准杆数以及走向图等，供球员打球和选择作战方案时参考
Yardage post	距离标示棒：在距离球洞区50码、100码、150码、200码等地点竖立的标示距离的立棒。现在更为常用的在球道的自动喷灌头上写上该处至球洞区的距离，便于球员选择球杆
Yardage rate	决定球难易度的最主要因素就是距离，在不考虑球场起伏的情况下，单纯根据距离计算出的难度

附录六　高尔夫球运动教学大纲

项目介绍：

高尔夫（Golf）运动是一种在广阔的大自然中，使用不同的球杆（Club），并按一定的规则将高尔夫球送入前方几百码远之外的球洞（Hole）的运动。通常一场球打18洞，杆数少即击球次数少者为胜。高尔夫可以一个人打，也可以几个人打，人多时可分组打，球场通常会要求每组不超过4人，不受年龄、体能和技术水平上差异的限制，参与者有着同等的获胜机会，所以高尔夫是一种可以享受终生的体育运动。

高尔夫运动要求打球者根据天气、地形、身体状况的不同情况依靠自身的力量去克服一个个不可预知的困难。对个人判断力、意志力和忍耐力的锻炼提高有极大帮助。不仅可以增强体质、预防疾病，也能起到解除和舒缓由于紧张的学习和工作造成的精神压力的作用。同时，高尔夫是一项具有丰富文化内涵的运动，诚实、自律、为他人着想的高尔夫规则（Golerule）及礼节（etiquette）始终贯穿于整个运动之中，使球手在运动过程中陶冶情操、提升个人修养、净化心灵。它是目前世界上唯一自我裁判的体育运动。

1900年，第二届国际奥林匹克运动会曾把高尔夫球列为表演项目。1984年，国际奥委会批准高尔夫球为奥林匹克运动会的正式比赛项目。

教学目标：

1. 认知目标：了解高尔夫球的起源与发展、规则与礼仪和基本技术。

2. 技能目标：学习高尔夫球的基本技术动作，掌握适合于自己而且比较理想的挥杆（swing）动作。

3. 情感目标：激发学生对高尔夫运动的兴趣，培养学生勇敢顽强的意志品质和豁达亲和的处世风范，培养学生诚信品质，提升学生自我调控心理状态和自律能力，并培养能够为他人着想的优秀品质。

4. 体质目标：提高身体各器官的机能，增强体质，防御疾病。

授课时数：36学时

教学纲要：全学期分为四个单元

第一单元：2学时

1. 高尔夫球运动概述
2. 高尔夫球运动的起源和发展趋势
3. 高尔夫球场
4. 高尔夫球手的基本装备

第二单元：2学时

1. 高尔夫球基本规则
2. 高尔夫运动的基本礼仪
3. 开球台规则及判例
4. 球道规则及判例
5. 果岭规则及判例

第三单元：32学时，高尔夫球基本技术原理与分析

1. 握杆：正确掌握三种握杆方法
2. 站姿：说明站姿对完成技术动作的重要性

3. 挥杆：（1）铁杆的基本技术
（2）木杆的基本技术
4. 推杆的基本技术
5. 挥杆动作的练习方法

教学评价：采用过程性定量评价方法评定

评分标准：

分 数	标 准
100~90	用正确方法使用1#木杆击10球，击实8球 用正确方法使用7#铁杆击10球，击实8球 用正确方法使用推杆推10球，8球入洞
89~80	用正确方法使用1#木杆击10球，击实7球 用正确方法使用7#铁杆击10球，击实7球 用正确方法使用推杆推10球，7球入洞
79~70	用正确方法使用1#木杆击10球，击实6球 用正确方法使用7#铁杆击10球，击实6球 用正确方法使用推杆推10球，6球入洞
69~60	用正确方法使用1#木杆击10球，击实5球 用正确方法使用7#铁杆击10球，击实5球 用正确方法使用推杆推10球，5球入洞
59~50	用正确方法使用1#木杆击10球，击实4球以下 用正确方法使用7#铁杆击10球，击实4球以下 用正确方法使用推杆推10球，4球入洞

技术评价：

成 绩	标 准
优	身体中心移动、击球部位、挥杆动作完成正确自如
良	身体中心移动、击球部位、挥杆动作完成正确
及格	身体中心移动、击球部位、挥杆动作完成基本正确
不及格	身体中心移动、击球部位、挥杆动作不能完成

参考书：高尔夫运动 [高等教育出版社]

教学日志

授课时数：36学时，通过学习使学生对高尔夫球运动的文化和基本技术有所了解。

教学纲要：全学期分为四个单元

第一单元：2 学时

1. 高尔夫球运动概述
2. 高尔夫球运动的起源和发展趋势
3. 高尔夫球场
4. 高尔夫球手的基本装备

第二单元：2 学时

1. 高尔夫球基本规则
2. 高尔夫运动的基本礼仪
3. 开球台规则及判例
4. 球道规则及判例
5. 果岭规则及判例

第三单元：28 学时，高尔夫球基本技术原理与分析

第一次课

1. 握杆：学习正确掌握三种握杆方法
2. 站姿：学习站姿对完成技术动作的重要性
3. 挥杆：学习短铁杆的半挥杆基本技术

第二次课

1. 复习上次课挥杆的内容
2. 教师进行辅导
3. 学生练习

第三次课

1. 复习上次课挥杆的内容
2. 学习完整短铁杆挥杆基本技术

第四次课

1. 复习前三次课的内容
2. 教师进行个别辅导

第五次课

1. 复习已学内容
2. 学习完整中铁杆挥杆基本技术
3. 学生练习

第六次课

1. 复习已学内容

2. 学习完整长铁杆挥杆基本技术

3. 学生练习

第七次课

1. 复习已学内容

2. 学习完整木杆挥杆基本技术

3. 学生练习

第八次课

1. 复习已学内容

2. 学习完整推杆基本技术

3. 学生练习

第九次课至第十四次课

学生到高尔夫球练习场实习，主要是通过实地练习，检验学生练习的效果，球的飞行轨迹、方向和距离。感受高尔夫球的魅力。教师进行个别辅导，纠正错误动作，不断改进技术。

第四单元：4 学时

教学评价：采用过程性定量评价方法评定。学生分两次课进行铁杆和木杆的击球和技术动作考核，并交一篇不少于两千字的高尔夫球学习感受的论文。

主要参考文献

［1］卓人刚，庄曹．高尔夫自学手册［M］．沈阳：辽宁科学技术出版社，2005.

［2］陈玲．进入上流社会的必修课：高尔夫［M］．北京：中国时代经济出版社，2005.

［3］JACK 吴．绿色诱惑：美国 PGA 赛场上的失误报告［R］．北京：界知识出版社，2010

［4］勒纳德，郭威．高尔夫常见问题与解救技巧［M］．杨雪，译．沈阳：辽宁科学技术出版社，2010

［5］裴勇．精彩高尔夫［M］．北京：人民体育出版社，2005.